# プロジェクトを加速する人間関係術

心が軽くなる『影響力の法則』

髙嶋 成豪

税務経理協会

# まえがき

日本の現場はプロジェクトで動いている、というのが、二十年来企業の人材開発の仕事に携わってきた私のここ数年の実感です。それだけ新しい取り組みテーマが増えており、部門や会社をまたぐ知識や技術の共有が求められているのだと思います。一方で、少ない予算、短い納期という厳しい条件で、プロジェクトマネジャー、プロジェクトリーダーたちは悪戦苦闘していると感じてきました。悪条件の中、メンバーのやる気を高め、専門能力を引き出すのは、たいへんな苦労です。何とか手助けすることはできないか、と思い巡らせていました。

そんな矢先、アラン・コーエン、デビッド・ブラッドフォード両博士の著書『影響力の法則』、『続・影響力の法則』、『Power Up』（いずれも税務経理協会刊）を邦訳し、「カレンシーの交換」、「責任共有のリーダーシップ（共有リーダーシップ）」を紹介する機会に恵まれたのです。以来、また多くのリーダーのみなさんとさまざまなお話をし、あらためて現場での取り組みとご苦労を共有させてもらいました。また、研修プログラムも用意して、当初は管理職のリーダーシップ能力の向上のために提供してきたのですが、参加者の多くがプロジェクトマネジャーあるいはプロジェクトリーダー（以下ＰＭ）と呼ばれる人たちであることにも気づきました。気がつくと、日本のメーカー、システム開発会社、サービス会社などの多くが、マトリクス型組織ないしプロジェクト型組織になってきつつあります。つまり、企業の従業員の多くが、何らかのプロジェクトに参加しており、管理職であるかないかにかかわらず、プロジェクトマネジメントにかかわらざるを得なくなっているのです。

多くのＰＭは、PMBOK（Project Management Body of Work；プロジェクトマネジメント知識体系）に見られるようなプロジェクトマネジメントの標準的な進め方に沿って、プロジェクトを運営していますが、壁に当たっていることにも気づきました。それは人の壁、具体的には、やる気のないメンバー、頑固な顧客、協力的でない上司など、プロジェクトを妨げる人々の壁が立ちはだかり、その壁に当たっているのです。

プロジェクトでぶつかる人の壁を取り除くガイドをつくったら、現場で苦労しているみなさんのお役に立てるに違いない、と考えたのが、本書執筆のきっかけです。『影響力の法則』の読者、研修や講演の参加者の中から、「カレンシーの交換で、上司が動いてくれた」「メンバーのカレンシーを意識するようになったら、モチベーションが高まっている」「提携先のメンバーと、協力関係がつくれた」といった声を寄せていただいています。これらは、プロジェクトの妨げとなる人の壁を取り除いた実例です。

共通するのは、人の壁をプロジェクトの敵として攻撃するのではなく、プロジェクトの利害関係者（ステークホルダー）として客観的かつ冷静に対応し、後述する「カレンシーの交換」によって、プロジェクトの味方につけていた点です。そうして私がみなさんから学ばせてきていただいたことを共有し、少しでも役立たせていただきたい。これが本書を書いた私の動機です。

本書は、まず「カレンシーの交換」の概念を解説します。これらは、前掲の『影響力の法則』『続・影響力の法則』『Power Up』を土台にしています。これらの書籍に書かれている事例がアメリカ企業の事例ばかりでしたので、本書では、私が学んだ日本の事例を取り入れ、日本の現場で行われている「カレンシーの交換」によってプロジェクトを動かす実際を紹介しました。こんな話は自分のプロジェクトにもあるな、と感じていただけるよう、工夫したつもりです。

次に、「カレンシーの交換」によってどのように人を動かすのかを解説しました。まず、プロジェクトマネジメントの各段階で、壁になっている人々、言い換えると味方につけたい利害関係者（ステークホルダー）から何を得たいのかを、マトリクスの形に整理しました。例えば、スポンサーからは十分な予算を、メンバーからはプロジェクトに対するコミットメントを、といった具合にです。よい成果を上げているＰＭは、利害関係者から何を得たいのかを、明確に描いています。このマトリクスは、みなさんのお話を参考にして描くことができました。

相手を味方につけるうえで重要なのは、相手の立場を考えることです。各利害関係者が上司、同僚から期待されていること、これまでの経験や学習、将来のキャリアへの希望などから、彼らの立場を把握していくのです。置かれている立場がわかれば、彼らの目標や動機が見えてきます。ここに、カレンシーを交換するチャンスが見つかります。

利害関係者の目標達成を手助けする、動機を満たすのは何か。彼らが価値を感じることは何か。あなたにできることの中から、カードを切るように示していきます。このカードが後述する「カレンシー」です。何がカレンシーになるかは、相手が置かれている状況によって異なってきます。本書では、よく使われるカレンシーの例を挙げていきます。読者のみなさんのヒントにしていただければ幸いです。

最後に、カレンシーの交換で陥りやすい落とし穴にも触れました。有能な人ほど、墓穴を掘ってしまうことがあります。そんなもったいない事例も数多く見てきました。読者のあなたには、無事目的地にたどり着いて欲しいと思います。

私の力不足で本書は不十分なところがあると思います。どのようなカレンシーが現場で有効か、グローバルなプロジェクトの中で何を考慮すべきかなど、今後の課題もたくさんあります。
読者のみなさんには、ご質問やご意見をいただければありがたいと思っています。

二〇一二年三月

髙嶋　成豪

# 目次

はしがき

**第1章　カレンシーの交換とは何か**……1

1　〝影響力〟とは何か……1
2　影響力の背後にある見えない力……2
3　カレンシーの交換……7
4　プロジェクトを動かすカレンシーの交換……28
5　チェックリスト「影響力の法則＝カレンシーの交換」……31

**第2章　カレンシーでチームメンバーを動かす方法**……33

1　メンバーから何を得たいのか……34
2　メンバーの立場に立ってみると・・・……56

3　メンバーに渡すカレンシー……69
4　効果的な交換のために……82
5　チェックリスト「チームメンバーを動かす」……86

**第3章　カレンシーでビジネスパートナーを動かす方法**……89
1　パートナーから何を得たいのか……90
2　パートナーの立場に立ってみると・・・……97
3　パートナーに渡すカレンシー……101
4　効果的な交換のために……108
5　チェックリスト「ビジネスパートナーを動かす」……111

**第4章　カレンシーで関係部門を動かす方法**……113
1　関係部門から何を得たいのか……114
2　関係部門の立場に立ってみると・・・……121
3　関係部門に渡すカレンシー……127
4　効果的な交換のために……132

5　チェックリスト「関係部門を動かす」……135

第5章　カレンシーで顧客を動かす方法……137

1　顧客から何を得たいのか……138
2　顧客の立場に立ってみると・・・……146
3　顧客に渡すカレンシー……150
4　効果的な交換のために……156
5　チェックリスト「顧客を動かす」……158

第6章　カレンシーでスポンサーを動かす方法……161

1　スポンサーから何を得たいのか……163
2　スポンサーの立場に立ってみると・・・……171
3　スポンサーに渡すカレンシー……176
4　効果的な交換のために……186
5　チェックリスト「スポンサーを動かす」……188

**第7章　思わぬ落とし穴に落ちないために** …… 191
1　見下した態度 …… 193
2　取り返そうとする …… 196
3　想定外の債務 …… 198
4　その他留意点 …… 201
**第8章　終　結** …… 203
1　強く願うこと …… 203
2　自分自身に渡すカレンシー …… 205
3　相手を信頼すること …… 206
あとがき …… 211

# 第1章　カレンシーの交換とは何か

## 1　〝影響力〟とは何か

チームが優れた結果を出すには、メンバー同士が互いに影響力を発揮し合わなければなりません。では、影響力とは何で、どのように発揮したらよいのでしょうか？

ここで、コーエン&ブラッドフォードによる『影響力の法則』をご紹介しようと思います。『影響力の法則』の原題は〝Influence without Authority〟ですから、直訳すれば「権限なしで人に影響を及ぼす」という意味になります。影響力の核心部分を示す法則です。

### 影響力とは人を動かす力

Influence（影響力）をオックスフォード英英辞典で引くと、「……好ましい行動を、地位や接触、富を通じて他者から引き出す力」とあります。私たちは、日常生活の様々な局面で、様々な形をとりながら自分にとって「好ましい行動を、他者から引き出し」ながら生きているようです。夫は妻の好きなブランドのバッグを買い、その帰り道に新しいゴルフクラブを買う許可を得る。営業目標を上回ったら報奨金を出す、と約束して営業部長は部下の営業努力を引き出している。製品企画部長は、社長に魅力的な新製品の企画を提案し、社長は承認する。このように、私たちは人を動かし、同時に人に動かされ、日々の生活を送っています。先述の英英辞典からの引用を踏まえると、影響力は人を動かす力、といえるのです。しかし、「私は影響力を発揮しています」と意識することはほとんどありません。意識していなくても人と人との間に働いているのが影響力なのです。

コーエンとブラッドフォードの『影響力の法則』は、影響力の原理から様々な方法まで、「カレンシーの交換」という概念によって説明しています。

## 2　影響力の背後にある見えない力

### お返ししたくなってしまう不思議

「カレンシーの交換」で、どのように人を動かすのでしょうか。その前に、背後にある見えない力についてお話ししましょう。

誰かに何かをしてもらうと、何かお返ししなければと落ち着かなくなることがありませんか？たとえば、入手困難なコンサートのチケットを、友人からもらったとします。あなたは驚き、うれしいと感じることでしょう。それと同時に「もらってしまって、恐縮するなあ。何か〝お返し〟しなければ……！」と感じ、落ち着かない気持ちになったりします。なぜ、お返ししなければならないのでしょう。それは人間関係の基本に、返報性、すなわちレシプロシティがあるからです。

## 助けてもらったらお返ししたくなるのは世界共通

レシプロシティとは、何かしてもらったら返さなければならないという、人類古来の社会通念です。アメリカでも、ヨーロッパでも、アジアでも、日本でも、レシプロシティは人間社会に普遍的に見られるといわれています。この社会通念は、もちろん、会社の職場でも普通に見られます。「挨拶されたらすぐ返す」とか「お取引をいただいたら、すぐにお礼状を書く」など新入社員のときから教わるのは、その一例です。それが会社で生きる術、ビジネスマナーとして欠かしてはならない、と教わるのです。その場合、単なる社会通念というより、〝掟〟といったほうがよいかもしれません。

もし、あなたがレシプロシティに逆らい、何かをしてもらっても返さないことがあると、礼儀知らずだと思われます。そのようなことが続けば、やがてあなたは職場での信頼を失ってしまうでしょう。

そして、少しずつ遠ざけられ、やがて仕事にお呼びがかからなくなってしまうかもしれません。レシプロシティは、このように人間社会に深く息づいています。

## レシプロシティによってリスクを冒せる

では、レシプロシティに則った行動をとっていたらどうでしょうか。おそらく「あいつはきちんと返すやつだ」と思われるでしょう。それは言い換えると、信頼されるということです。金融機関は滞りなく返済した実績のある人には、必要な資金を喜んで融資してくれるものです。チャンスが与えられるということです。

同様に、仕事上の関係の中で「あいつはきちんと返すやつだ、だから力を貸してやってもいい」と思われれば、周囲の力を容易に借りられます。言い換えると、まわりを動かせるようになるというわけです。また逆に、レシプロシティがあるから、私たちは相手を信頼して相手に賭けることができます。今月納品すれば来月末に必ず入金があると思えるから今日納品できるように、いつか返ってくると思えれば今労力をかけることができる、つまりいくらかなりともリスクを冒すことができるのです。こういったやりとりが、あらゆるところで交わされているのです。

社会の中で返さないことは、一種の裏切りといえます。裏切れば孤立してしまい、その社会で生きるのは難しくなります。だから、ここで生きようと思う相手ならば、裏切らないだろうと考えることができ、こちらから先に何かを差し出せるというわけです。相手が裏切らないと思える社会は、こうして協力関係や取引が発展します。こちらも相手もお互いのもっているものを出し合って、交換が発達するからです。

レシプロシティは、社会の発展に欠かせない人間関係の原則です。当然、あなたのプロジェクトにも働いているはずです。あなたがレシプロシティに則った関係を築けば、メンバーや他の利害関係者はあなたを信頼し、あなたのまわりには協力や取引が発展するでしょう。このやりとり、交換によって、他者を動かすことが影響力と呼ばれるものです。

## 人類が発達させた交換

このようにレシプロシティは、社会関係の基盤だといえます。レシプロシティによって価値の交換が成り立ちます。この交換により、私たちは周囲の人たちに影響力を発揮できるのです。

生物学者マット・リドレーによると（『繁栄　上・下』早川書房　二〇一〇年）、人間以外の動物にも交換、たとえば獲得してきた獲物を互いに交換することがあるのだそうです（ということは、動物にもレシプロシティがあるのでしょう）。しかし人類が他の動物と決定的に違うのは、異なるものの交換を可能にしたことだと言っています。人間だけが、獲物と獲物の交換だけでなく、獲物と採集した果物の交換、耕作した穀物と鋤や鍬あるいは衣類の交換、などができるようになったというわけです。物々交換の発生です。そうなると、それぞれが必要とされているもので得意なものだけを収穫する、または作ればよいことになります。そして人間は、社会の分業を発達させていきました。

なるほど、異なるもののやりとりができれば、互いに必要な何かを補い合うために役割を分担できます。するとある分野の専門家ができ、優れた道具を効率よく得られるようになるわけです。さらに、人類だけが、「君は仲間だから、後で返してくれればいいよ」式の交換ができるようになりました。信用で交換ができるようになったのです。そのためいっそう頻繁に交換が行われるようになり、社会が発展していったといいます。

一方、取引をスムーズに進めるために、貨幣(カレンシー)が使われるようになります。貨幣があれば、異なるものであっても貨幣の単位で価値を計ることができますから、様々なものやサービスを交換しやすくなりました。貨幣の発明が、結果的に社会を飛躍的に発達させ、人類が他の動物に比して格段の繁栄を謳歌することになったというのがリドレーの主張です。レシプロシティを土台にして、様々な価値あるものの交換を繰り返すことで、人間社会が発展してきたというのです。この点、私も同じように考えます。

# 3　カレンシーの交換

## カレンシーという考え方

〝カレンシー〟とは、本来は貨幣、価値のことです。カレンシーを使えば、こちらにとって価値あるものを、カレンシーで支払って得ることができます。同じように、人間関係にカレンシーの概念を応用できます。相手に何かをしてもらいたいとき、それ相応の価値を用意し交換するのです。つまり、相手が価値を感じるカレンシーを用意し使います。価値と価値の交換です。たとえば、上司が「報奨金が出るぞ」と言うのに価値を感じた部下は、これまで以上に熱心にお客通いをするかもしれません。上司に好かれることや喜ばせることにも価値を感じて頑張るのかもしれません。この場合、上司は（部下がお客通いすること＋ひょっとしたら自分の言うことを聞くこと）を望んで「目標を下回れば、報奨金はないぞ」と言い、部下は（上司に気に入られること＋喜ばせること＋報奨金を得ること）に価値を感じお客先に向かいます。

部下の側から見ると、お客様を頻繁に訪れることと、報奨金と上司を喜ばせ好かれることの「カレンシーの交換」になっていると考えられます。ひょっとしたら、報奨金を得られるかどうかという刺激的なゲーム感覚と、努力の交換かもしれません。いずれにせよ、こちらにとっての好ましい行動を

# レシプロシティが働く

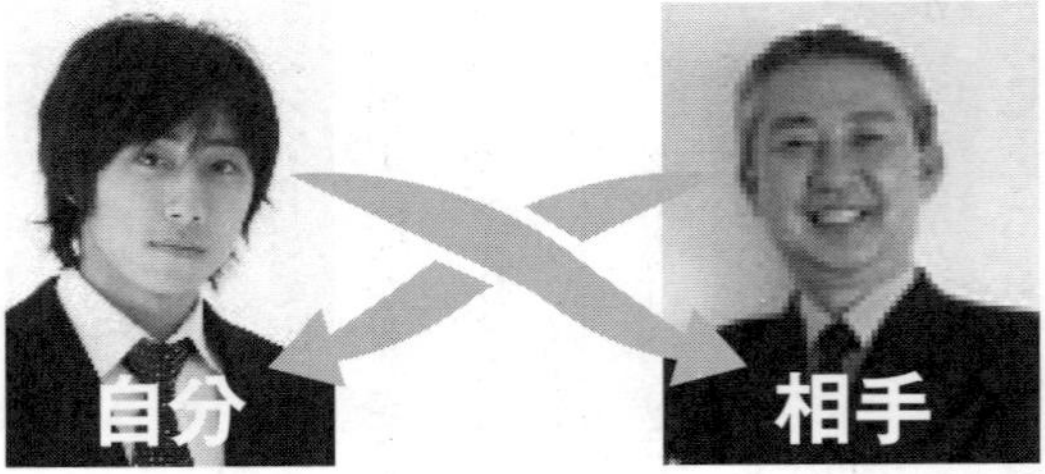


引き出そうと思ったら、相手にとってそれに見合う価値のある「カレンシー」を渡す必要があると考えるのです。

## 戻ってこなくても、もらったから返す
## ：大きな循環の輪の中へ

また、カレンシーの交換は、その場限りの交換だけではありません。むしろ長期にわたる交換が少なくないのです。同僚の仕事を助けたから、すぐに助けてもらえるかどうかはわかりませんし、すぐに返してくれることを期待して助けるわけでもありません。それでも、同僚がいつか助けてくれるかもしれないという可能性は、心のどこかに残るのではないでしょうか。

仕事の経験を積んでくると、若者に仕事を教え、助けたくなることがあります。若者に仕事を教えても、見返りがあるわけではありませんから、それでも若者に教え助けるのは、一見無償の奉仕のようにも見えます。しかし、若者に教える

ことで、やりがいを感じる、敬意を払われる、誇りを感じる、などのカレンシーを得ているのかもしれません。また、私たち自身がかつて先輩に教わってきた、そのお返しを若者にしているとも考えられます。この場合、カレンシーの交換は、直接本人との間で即時に行われているのではなく、長期にわたって複数の人の間を引き継がれ、循環するような形になっています。

関西のある有力メーカーの管理職は、部下に渡したカレンシーは戻ってこなくてもいい、と言っていました。このような態度は、かえって部下に「頑張らなければ」という気持ちを起こさせるのでしょう。この会社が繁栄してきたわけです。

私は、プロジェクトにおいて、「カレンシーの交換」の活用をお奨めしたいと思っています。その理由も含め、もう少し詳しく説明しましょう。

## なぜカレンシーを意識するとよいか

ＰＭが影響力の法則、カレンシーの交換を意識するとよい理由が、三点あると私は考えています。一点目は、権限で動かせないメンバーが増えているという点です。プロジェクトには、自分が人事権のある部下ばかりがメンバーとは限りません。他部門や協力会社、場合によってはクライエント企業の社員がメンバーとして加わっている場合が普通です。配下にいない彼らには権限を使えません。だからこそ、相手を動かすカレンシーを意識するとよいのです。

二点目は、将来何かしてもらうのを待っているわけにはいかない点です。時間をかけてよい人間関係を築いてから動いてもらうというのでは、スピードが求められる現在のプロジェクトには対応しきれません。プロジェクトでは、今すぐメンバーに動いてほしいことが増えているのです。短納期のプロジェクトを早く立ち上げる、早く意思決定する、変更に即座に対処するなどなどです。すると、今すぐ動いてほしいときに何をカレンシーとして差し出せばよいか、と考えることができます。

三点目は、メンバーだけでなく上司や他の利害関係者に影響を及ぼし、動かす必要があることです。上司を動かすのは、いささかなりとも人間関係上の戦略が求められます。その際もカレンシーの交換モデルで、上司を味方につける計画を立てられます。

## カレンシーの交換を意識すると人間関係が楽に

影響力を「カレンシーの交換」で説明する利点は、人間関係の複雑な側面を「カレンシー」で一元管理するので、実行に移しやすいことにあると思います。

私の仕事仲間にして友人である加藤大吾さんは、数年前、山梨県内の里山に土地を買い、斜面を切り開いて自ら家を建て、家族で暮らしています。当時、環境負荷の少ない生活を実践し、自然と親しめる環境で子どもたちを育てたいと考えていた彼にとって、望んでいた生活をスタートさせることになりました。

新生活は、東京出身の加藤さんにとっては、何から何まで初めての挑戦だったといいます。特に当初は地元の人との関係づくりに苦労があったと聞きました。なにぶんよそ者です。先方は警戒しているに違いありません。とはいえ、この田舎の社会に溶け込めなければ、生きていくことは難しいでしょう。その彼によると『影響力の法則』を読み「カレンシーの交換」を知ってから、人間関係が楽になったのだそうです。

「この農家のおっちゃんとの間で、カレンシーの交換はどうなっているか。」おっちゃんが彼からカレンシーを余計にもらっていると思っていれば、何かを頼みやすくなります。「でも、こちらが相手にとってのカレンシーを十分に渡していなければ、少し難しい……。そこで相手の利益を考え、自分にできることと交換に頼み事をしてみよう、と考えるようになってから、どのような人との間でも人間関係を築くのが苦にならなくなった」と言うのです。こちらにとって好ましい行動をとってもらいたければ、カレンシーが十分かどうかをチェックして、不十分なら足せばいい、というわけです。そうして交換が頻繁になり、今では地元でよい関係を築いている、と胸を張っていました。

## あなたが使えるカレンシーを見つける

では、あなたにはどんなカレンシーが使えますか？　カレンシーの交換とは、言い換えると、こちらがほしいものを得るために、相手がほしいものを整えるということです。何がカレンシーとして役立つでしょうか？　優れたリーダー、ＰＭは、様々なカレンシーを、相手や状況に応じて使い分けています。以下は仕事の中で使えるカレンシーの主な類別です。

1　気持ちを高揚させるカレンシー
2　仕事に役立つカレンシー
3　立場に関するカレンシー
4　人間関係のカレンシー
5　個人的なカレンシー

## 1　気持ちを高揚させるカレンシー

「私には夢がある。いつの日かかつて奴隷の子孫たちと、奴隷主の子孫たちが、ともに兄弟としてテーブルにつくことができるであろう」（『キング牧師とアメリカの夢』M.L.キング　三友社出版　一九九五年）。キング牧師の演説が描くビジョンに、多くの合衆国国民は社会の変化を感じ、心を高ぶらせました。社会に役立つことをしている、自分は正しい方向に進んでいる、という感覚によって、私たちは勇気づけられ、やる気になります。人生に意義を感じさせるメッセージは、多くの人たちにとって価値あるカレンシーです。

具体例：ビジョンを示す、世界で最高を目指す、社会的正義を追求する　など

## 2　仕事に役立つカレンシー

予算、人材、情報、その他の資源は、私たちの仕事を進めるうえで欠かせません。顧客や業界の情報、人手の供与に何度救われたことでしょう。資源は不変のカレンシーです。また幹部や組織による公式なバックアップもマネジャーとメンバーを助けます。有能なチームの背後には組織の力を感じます。一方、組織ではビジネスを学べるチャンスが得られると期待する人は少なくありません。そのために銀行や商社、ベンチャー企業に就職する起業家志望の若者がいます。

具体例：人材、資金、資材、時間、バックアップ、学びの機会　などを提供する　など

## 3　立場に関するカレンシー

組織では目立たずひっそり仕事をしている人がいます。彼らの多くは目立ちたくない控えめな人たちですが、そんな彼らでも仕事の成果を認めてほしいものです。権限委譲したり、意思決定に参画させるのも、有力なカレンシーになります。認められている、尊重されていると感じられるからです。

具体例：努力・成果・能力を認め褒める、社内の幹部に紹介する、よい評判を伝える、有力なネットワークに紹介する、権限委譲する　など

## 4　人間関係に関するカレンシー

よい人間関係の中で仕事をしているという感覚が、私たちに力をもたらす面があります。気になっていること、感情に親身に耳を傾けてくれる同僚には、心を開くものです。また個人的にサポートしてくれることで、救われることがあります。たとえば、社外からプロジェクトに参加しているメンバーにとって、友好的な接し方は救われます。

具体例：親身に対応する、友好的に接する、個人的に支援する　など

## 5　個人的なカレンシー

プロフェッショナルなメンバーが増えてきており、彼らは自分の専門領域には誇りを感じています。その一方で、本当に自分は通用するのだろうか、と内心不安なメンバーも少なくはありません。彼らにとっては自分のアイデンティティや専門性を尊重されることが、大きなカレンシーになります。また、恩義を感じていることを態度や言葉で表すこともカレンシーになり得ます。やはり尊重されていると感じられますし、恩を感じている人は必ず返すと思われるからでしょう。

具体例：感謝する、恩義を示す、専門性を尊重する、国籍・所属を尊重する　など

# 組織で使えるカレンシー

- 気持ちの高揚や意欲を喚起するカレンシー
  ビジョン、卓越性、道徳的／倫理的な正しさ
- 仕事そのものに役立つカレンシー
  新しいリソース、チャレンジまたは成長（学び）の機会、組織的な支援、素早い対応、情報
- 立場に関するカレンシー
  承認、ビジビリティ、評判、所属意識／重要性、接点
- 人間関係に関するカレンシー
  理解、受容／一体感、私的な支援
- 個人的なカレンシー
  感謝、当事者意識／参画意識、自己意識、安楽さ

これらは、主なカレンシーのリストです。他にも様々なカレンシーが活用されています。こういったリストから、状況に応じて使えるカレンシーの候補を見つけていきます。カレンシーはあくまでも相手が価値を感じてこそ力を発揮します。連日ハードワークで疲れている同僚に、頼まなければならないことがあるとします。彼は家に帰って子どもの顔を見ることができないのが不満です。一週間に一日でも早く帰宅できればうれしいと思っています。そんな彼との間で、こちらが手伝ってもらいたい仕事と彼の手を煩わせるデータ入力の仕事を、交換できないでしょうか。たとえば、アルバイトを貸してデータ入力を手伝えるかもしれません。

協力会社から派遣されるメンバーの中には、

どこか自分が社員よりも軽く見られていると感じる人がいます。彼らの多くは、人としてパートナーとして尊重されたいのです。話に耳を傾け、実行に移すだけでもカレンシーになるでしょう。

## どこに投げてほしいか、しっかり構える

カレンシーの交換の二つめのポイントは、相手から得たいカレンシー、つまり目標を明確にすることです。メンバーや他の利害関係者から何を得るのかは、プロジェクトにとって何より重要です。たとえば、プロジェクトを形にするために、メンバーから労力や専門知識を引き出し、そのメンバーをやる気にさせるのに、会社から十分な予算を獲得する、といったようにです。PMが関係者から引き出すカレンシーが、関係者の間を巡って、プロジェクトの成果になると言ってもいいのかもしれません。

それなのに、みなさんのお話を伺うと、交換によって何を得たいのかが明確でないことが、案外あるなと感じます。

また交換の重要度にも注意する必要があります。相手から得たいカレンシーが重要なものであれば、なおいっそう慎重に交換する必要があります。一方、それほど重要でないのなら、無理してまで協力を取り付ける必要はないかもしれません。

## 混乱の原因になる個人的な目標

社内の業務改善プロジェクトのリーダーだったＡさんは、営業本部長のＢ氏を苦手としていました。営業業務の改善も課題であったため、Ｂ氏の協力は欠かせなかったのですが、Ｂ氏を苦手とするＡさんは、Ｂ氏に直接会って自分の要望をはっきり伝えるのをためらっていました。ようやく会って、話をしても、言い方が曖昧になって伝えきれません。そうしているうちに、営業業務の改善には遅れが生じていました。

あなたが相手から得たいカレンシーは何かを、明確にする必要があります。すべてが得られなくても、最低限必要で譲れないものは、何でしょうか。Ａさんの場合は、営業業務の改善への何らかの協力を、Ｂ氏から得ることだったはずです。しかしＡさんは、Ｂ氏への苦手意識からＢ氏にはっきり要請できず、本来の目標達成がおろそかになってしまいました。

また、重要度が不明確になると、個人的な目標が紛れ込んできて、本来のプロジェクトの目標が二の次になってしまうことがあります。個人的な目標とは、面倒を避けたい、傷つきたくない、いいところを見せたい、自分の意見を通したい、など、プロジェクトの目標とは直接関わりない、個人の欲求やニーズに基づく目標を指します。Ａさんの場合、苦手な営業本部長を避けたいという、個人的な目標が紛れ込んできました。そのために、本来プロジェクトで果たさなければならない役割が、曖昧になったといえます。プロジェクトの遂行に責任を負ったからには、個人的な目標はいったん横に置き、プロジェクトの目標達成に集中するべきです。

目標が果たされるのであれば、相手と仲良くなる必要も、相手を好きになる必要もありませんし、苦手であろうがなかろうが関係ないのです。カレンシーの交換では、本来何を得たいのかを明確にする必要があります。

## 相手の立場から見るとカレンシーが見えてくる

カレンシーの交換がうまくいくかどうかは、相手が達成したい目標を意識しているかどうかにかかっています。相手の目標は、相手が置かれている立場から見えてきます。たとえば、営業担当者にとって、年度末に今年の予算達成まであと一息というとき、予算を達成すること、上司の期待に応えること、同僚に認められること、という目標を抱えているだろう、と推察できます。カレンシーの交換を進める際に最も考えるべきなのは、相手の目標達成を手助けすることです。

カレンシーの交換では、受け取る相手が価値を決める立場にあります。相手がどのような立場にあるかによって、こちらの行為（カレンシー）の重みは変わってくるものです。同じ一、〇〇〇万円の売上でも、年度末で目標数値に達しておらず、上司の格段のプレッシャーがあるときの一、〇〇〇万円と、特にプレッシャーを感じていないときの一、〇〇〇万円では、その価値は大きく異なるはずです。もちろん、プレッシャーがかかっているときのほうが、売上はずっとありがたいものです。相手は何が不足して困っているか、何を欲しているか、相手を理解しているほど、価値あるカレンシーを渡せる可能性が高まるのです。

## 性格よりも立場を考える

相手を理解するのには、相手の性格を知りたくなると思います。しかし、ここではまず相手の置かれている状況を探っていきます。会社のような組織の中では、性格よりも置かれている立場に、その人の行動が左右されると考えるからです。また、人の性格はある程度つきあってみなければわかりません。うまくいかない相手、気に入らない相手に限って、その理由を相手の性格のせいにしたくなります。ところが、よい関係の友人や同僚であれば、「ああ、あの人が協力してくれないのは、今とても忙しいからなんですよ」と置かれている立場を考えます。

性格の重要性を無視するわけではありませんが、ここでは性格より立場をつかむことで、カレンシーの交換を効果的に進めていこうと思います。

## 「刑事コロンボ」の推理

人気テレビドラマ『刑事コロンボ』の主人公コロンボ警部は、相手の置かれている立場をつかむ名人でした。刑事ドラマの犯人は、大概やむにやまれぬ状況に追い込まれて犯行に及びます。経営するワイナリーを他社に売却すると聞かされ、オーナーである弟を殺害する兄。容疑者のアリバイは一見完璧です。コロンボは容疑者の置かれている立場を考えます。長年すべてをかけて尽くしてきた会社を何としても守りたいに違いない。何もしないで遊び歩いている弟の分まで努力してきたのだから、弟の思い通りにはさせられません。自らの仮説を確かめるため、コロンボは容疑者のワインへの愛情に最大限敬意を払いながら、敬意と交換に本心を引き出してゆきます。不用意なひと言、わずかな反応も見逃しません。そうして犯人は、自供せざるを得なくなるのです。コロンボに追い詰められた容疑者のほとんどが、最後に自分が置かれた立場、犯行に及ばなければならなかった心情を吐露します。一部の例外を除けば、大概の容疑者はコロンボに脱帽し、犯行を隠してきた重荷を下ろすのです。

このコロンボのやり方は、私たちがメンバーや他の利害関係者とカレンシーの交換を進めるとき、大いに参考になると思います。相手の置かれた状況を捉え、そこからどんな目標やニーズ、関心事を抱いているかを、コロンボ警部は的確に捉えます。多くのメンバーは、いい仕事をしたいという基本的なニーズを持っています。しかし、他にも忙しい仕事に関わっているので、あなたのプロジェクトに全力で取り組んでいいものかどうか迷っているのかもしれません。同期のライバルが先に大きなプロジェクトのサブリーダーを任されることになり、焦りを感じている、ということはないでしょうか。あるいは、本来取り組みたい仕事とは異なる役割が与えられていて、自分の将来にプラスがないと感じているのかもしれません。

リーダーがメンバーに対する敬意を忘れることなく、彼らの置かれた立場を把握し、彼らの声に真摯に耳を傾ければ、徐々にではあっても本心を明かしてくれるようになるでしょう。すると、メンバーにとって何がカレンシーになるのか、見えてくるに違いないのです。

## 相手の立場に立ってみると……

では、チームのメンバーと利害関係者は、一般的にどのような立場に置かれているのでしょうか。相手の立場を理解するうえで役立つ視点をあげてみます。

1　評価される基準は？
2　上司の期待は？
3　担当する業務の性質は？
4　経験、教育訓練歴とキャリア目標は？
5　部門や組織の風土は？
6　同僚からの期待は？
7　顧客や法規制など、組織の外から受ける圧力は？

## 1　評価される基準は？

組織にいる限り、個人は組織の業績につながる目標を抱えていることでしょう。それは、同僚、メンバー、顧客はもちろん、あなたの直属の上司や経営幹部も同様です。組織人として、まず組織と交わした約束を守らなければなりません。あなたのプロジェクト以外にも目標を抱え、解決しなければならない問題に直面しており、そちらに注力しなければならない状況なのかもしれません。

「私のプロジェクト以外に抱えている目標は何だろうか？」

「優先順位はどうだろう？」

「他の業務にどの程度エネルギーを注がなければならないのだろうか？」

評価される基準をつかめると、私たちのプロジェクトへの優先順位を上げられないかと検討できます。優先順位を変えられないのであれば、重要な目標達成に私たちのプロジェクトが役立たないか、重要な目標達成をあなたが手助けできないかを検討していきましょう。

## 2　上司の期待は？

組織には必ず上司がいて、その意向を無視することはできません。近年はコーポレートガバナンスに厳しくなっていますから、社長ですら、取締役会や株主総会の要求を重視するようになっています。上司の部下に対する期待は、第一義的には個々に課された目標の達成です。それ以外に、将来の後継者として期待しているかもしれませんし、マネジメント能力を伸ばすよう期待しているかもしれません。そうして、自分の役割を代わりにこなせるようになってほしい上司もいます。会社によっては、部下の能力開発が上司の評価基準になっています。上司の中には、自立しない部下に対して不満を感じている方もいます。

いずれにしても、組織で仕事する人間として、そうした上司の意向に左右されるのは、当然のことです。

## 3　担当する業務の性質は?

製品企画担当者は、市場動向、技術動向をつかみながら、製品ポートフォリオをかざして、関係者を巻き込み業務を進めていきます。生産管理技術者は、品質、コスト、正確さを追求し、しばしばリスクを避けようとします。同じ営業部門でも、顧客との既存顧客の維持を役割とする営業担当者と新規の顧客の獲得に奔走する営業担当者では、判断基準は異なるものです。その人の性格と関わりなく、担当業務の性質によって、同じプロジェクトのメンバーでも優先順位は異なります。担当する業務の役割と責任を果たそうとするのは、自然なことなのです。

業務の性質について、考慮すべき観点をあげましょう。

・扱っているのは人か、数字か

・定型的な業務か、非定型の業務か
・正確さか、独自性か
・誰から指示を受けるのか、誰に指示を与えるのか
・注目されるがリスクが高いのか、安全だが注目されていないのか
関係者が何を優先して考えるのか、見えてくるでしょう。

## 4　経験、教育訓練歴とキャリア目標は?

過去の経験を伺うと、その人の判断基準が読めてきます。ふつう私たちは、難しい問題ほど経験のある得意なやり方で判断したがるものです。自分の経験で判断が難しいと思えば、他者の意見を聞いてみようとします。

社内には将来幹部を目指している人も、逆に出世欲が少ない人もいます。将来どのような仕事をしたいと考えているでしょうか? それが、チームのメンバーであれ、上司であれ、彼らの目標を何らかの形で手助けできれば、相手の協力を得られる可能性は高まります。

「この人の判断材料として役立つ情報は何か?」
「キャリア目標の達成をどう手助けできるか?」

## 5　部門や組織の風土は？

人は所属する集団から影響を受けています。保守的な風土の会社の社員は、リスクを避け保守的な判断をする傾向があります。同じ会社でも部門によっては異なる意見が出てくるのも、部門の風土から影響を受けているのかもしれません。十分な裏付けがあると動かせる部門がある一方で、業界に先駆けることにこだわる部門もあります。

「部門からどのような影響を受けているだろう？」

「この人が動きやすいのは、裏付けとなるデータがあると、他社を上回るという根拠か？」

## 6　同僚からの期待は？

職場の同僚との関わり方は人によって様々でしょう。ある人は、同僚の意向を重視したいと考えますし、別の人はそれほどでもありません。他部門の人たちとの関わり方も、仕事によって異なると思います。ただ、誰もが社内から不満や文句を言われる立場には立ちたくないものです。たとえば情報システム部門のマネジャーは、現場から「新しいシステムは使いにくい、こんなシステムを導入するなんて、金の無駄遣いだ」などとは言われたくありません。それだけに、ときに慎重になる、前言を撤回する、などが見られます。

また社内のライバルには負けたくない、尊敬する先輩の意見は参考にしたい、後輩の前ではいい格好をしていたい、と感じるのは普通だと思います。

「誰の話は断れないだろうか?」

「誰をライバルとして意識しているだろうか?」

## 7 顧客や法規制など、組織の外から受ける圧力は?

営業担当者や顧客サービス担当者のように顧客と直接接していると、顧客の意向を無視できません。一方、法務や人事の担当者はつねづね法規制を意識しています。監督官庁からの通達や指導には神経をとがらせます。経営幹部は日米欧亜の経済指標を注視しているでしょう。M&Aや業務提携、新製品の登場、競合状況など、業界の動きにも左右されます。

直接尋ねればより確かな情報が入ってきます。顧客と接する営業担当者やSEは顧客の優先順位を直接尋ねています。もちろんあなたもそうされているかと思います。相手のことを理解しようと思ったら、本人から聞くのが最も確かです。そのうえ、人によっては尋ねること自体を「直接聞いてくれた」と好意的に受け取ってくれ、カレンシーになることがあります。

しかし、いつでもすぐ会えるわけではない利害関係者がいます。たとえば、初めて会う顧客、顧客の上司、協力会社のマネジャー、海外拠点のマネジャー、経営幹部などです。その場合は、21頁の立場のリストを使って事前にある程度仮説を立てられます。直接会って確認する時間が限られている

相手の世界から見る

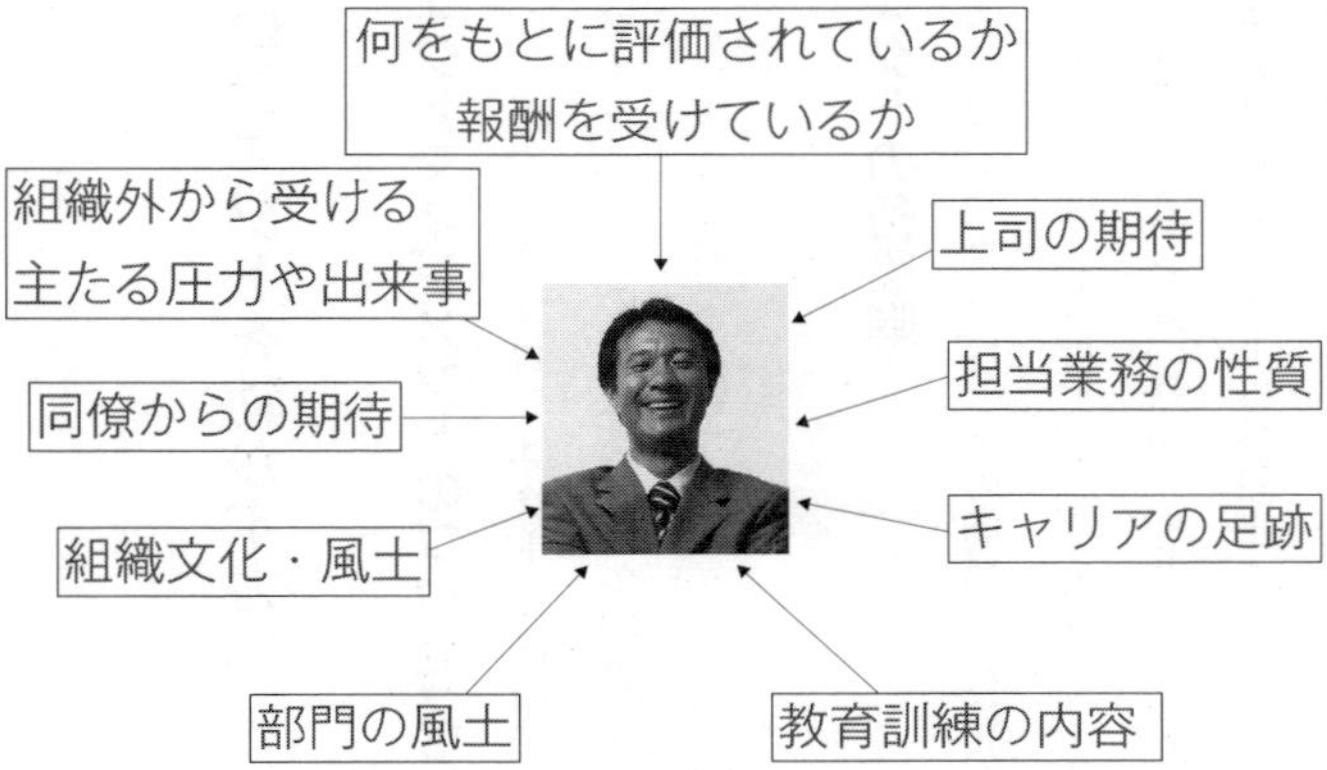


相手であれば、事前に立てる仮説は、短い時間、少ないチャンスで相手をより理解することにつながるので重要です。事前にある程度の仮説は立てられるはずです。

特に気になっていること、重要と考えていることは、繰り返し言葉で表現していることが多いものです。会議の席での発言、電子メールの記述にも注意してみる価値はあります。その人を知っている親しい同僚に、相手の置かれている状況について尋ねるのもいいと思います。

ＰＭがリーダーシップを発揮しようというとき、メンバーが置かれている立場を知り、何に価値を感じるかをつかんでいれば、より的を射たカレンシーを渡すことができます。結果、メンバーの能力とプロジェクトへの貢献を引き出すことが可能となるのです。

## 4　プロジェクトを動かすカレンシーの交換

### プロジェクトマネジメントのプロセスとカレンシーの交換

カレンシーの交換でプロジェクトを円滑に動かす方法を解決するのが、本書のねらいです。プロジェクトマネジメントの各段階で、各利害関係者（顧客、各部門のマネジャーなどのステークホルダー）、チームメンバーとどのようにカレンシーを交換して、何を得るのかが焦点となります。

### プロジェクトの各段階

あらゆるプロジェクトに、その開始と終結の段階があります。プロジェクトが他の日常業務と異なることの一つは、一定期間で終結することです。プロジェクトマネジメントの本体は、Ｐｌａｎ（計画）―Ｄｏ（遂行）―Ｓｅｅ（統制）のサイクルを回しながら、プロジェクトを目標達成に導くことです。

ＰＭは、このプロジェクトの各段階で、作業を計画し、実行を管理していきます。同時に、これらの各段階で、各利害関係者、チームメンバーとカレンシーを交換しながら、彼らの能力を発揮させ、必要なリソースを引き出していきます。

ＰＭが、各利害関係者、メンバーから、プロジェクトの各段階で引き出したいカレンシーは何でしょうか。ＰＭたちに、成功したプロジェクトを振り返ってもらうと、次のような共通項が見つかりました。

まず、**プロジェクトの開始段階**です。そのスポンサー、すなわち出資者にして最終責任者の幹部によってプロジェクトの実施が決定された段階です。ＰＭは、このプロセスでは、スポンサーから、十分なリソースとプロジェクト憲章の記述を得るのが目標です。必要であれば、顧客からの合意、チームメンバーからの積極的なプロジェクトへの参画と情報提供などを求めます。

次のプロジェクトの計画段階では、スポンサーからプロジェクトへのお墨付きを、各部門のマネジャーからはリソースの提供、ビジネスパートナーからは人材、チームメンバーからは積極的な参画などを獲得します。

**プロジェクトの遂行段階**では、チームメンバーには目的、目標、プロセスを共有して遂行を促し、他の利害関係者からは物心両面の協力を得るのが目標です。

**プロジェクトの統制段階**になると、チームメンバーを含む各利害関係者に、変更への柔軟な対応に協力を求めます。

# 各関係者から得るべきカレンシー

| 段　階 | 開　始 | Plan計画 | Do遂行 | See統制 | 終　結 |
|---|---|---|---|---|---|
| スポンサー（幹部） | 資源の提供<br>社内への売り込み | お墨付き<br>憲章への記述<br>重要な決裁<br>権限の付与 | 励まし，感謝<br>ねぎらい | 重要な決裁<br>ネットワーク | 公正な評価 |
| 顧客 | 実施への合意 | 要求事項<br>関係者との接点<br>積極的な情報提供 | 積極的な情報提供 | 積極的な情報提供<br>追加リソース<br>無理な変更の回避 | ユーザーからのフィードバック<br>あなたへの信頼 |
| 関係部門のマネジャー | | 計画への理解<br>リソースの提供 | メンバーのケア | | 導入への協力 |
| ビジネスパートナー | | 人材 | プロジェクトへの献身<br>報告，連絡 | 変更への柔軟な対応 | 満足な取引 |
| チームメンバー | チームの目標達成を約束 | チームの意思決定への参画<br>プロセスと方法の共有<br>率直に意見を述べる | 計画どおりの業務遂行<br>期待や懸念の表明 | 報告、連絡、相談、指導の受容<br>変更への柔軟な対応 | 達成感 |

**プロジェクトの終結段階**には、チームメンバーには達成感を、他の利害関係者にも満足感を表明してもらいます。

実際に、ＰＭは、他のカレンシーを必要とすることもあるでしょう。また、ここにあげたすべてのカレンシーを必要とするわけではないかもしれません。ただ、成功したプロジェクトを振り返ると、プロジェクトの各段階で、関係者から引き出し獲得する、成功に欠かせないカレンシーがあるのです。

では、これらのカレンシーをＰＭが獲得するために、チームメンバーと他の利害関係者にどのようなカレンシーを渡せばよいのでしょうか。それは、関係者が置かれている立場を認識し、それぞれの状況に応じて、彼らが価値を感じるだろうカレンシーを見い出していくことに他なりません。あるメンバーにとっては心沸き立つようなビジョンかもしれず、他のメンバーにとっては親を介護するための自由な働き方かもしれません。

第２章から第６章では、チームメンバーと他の利害関係者、それぞれに対する、カレンシーの交換方針を探っていこうと思います。

## 5　チェックリスト「影響力の法則＝カレンシーの交換」

### ■　影響力を発揮する

- □　とにかく、自分からカレンシーを渡す
- □　相手に動いてほしいことがあったら、まずカレンシーを渡してから頼む
- □　戻ってこなくても、もらったら返す　必ず返す
- □　相手の立場を踏まえてカレンシーを用意する（〝相手の心の的〟にあてる）

□ 自分が使えるカレンシーを駆使する　特に形のないカレンシーを活用する

## ■ 相手の立場をつかむための切り口

□ その人の所属部門の目標、役割は何か
□ 本人の役割、直近の目標は何か
□ 得意分野は何か
□ 担っているリスクは何か
□ ストレートに懸念を尋ねる
□ 守るべき部下、組織、立場／名誉はあるか
□ 社内における立場の強弱

# 第2章　カレンシーでチームメンバーを動かす方法

この第2章から第6章では、チームメンバーを含む利害関係者を、カレンシーの交換でどのように動かすかを検討します。第2章から第6章の構成は、まず、ＰＭが利害関係者から得たいカレンシーに触れ、次に利害関係者の立場、そして、その相手を動かすのに効く主なカレンシーを紹介し、最後にどのようにカレンシーを交換するかについて一つ一つ説明します。

第2章は「チームメンバー」です。

チームメンバーは、ＰＭにとってプロジェクト成功の第一の利害関係者です。あらゆるプロジェクトが成功するかどうかは、チームメンバーの働きにかかっています。私たちは、メンバーの専門知識、技能、献身的な努力を必要としています。目標に向け、一人ひとりの知識や技能を統合して、優れた解決策を導き、優れたチームとして機能させなければなりません。これらが、私たちが得たいこと、言い換えるとメンバーから求めるカレンシーです。

メンバーの働きを引き出すためには、まずメンバーが置かれている立場、つまり関係者の期待と、これまでの経験、目標、関心事などを把握し、それらに基づいてメンバーにとって価値あるカレンシーを見つけ、交換する必要があります。

## カレンシーの交換は双方向

準備ができたら、メンバーにあなたが求めるカレンシー（つまりあなたの目標）をはっきり伝え、こちらからもそれ相応のカレンシーを渡さなければなりません。メンバーは、リーダーが何かをしてくれるまで、待っている可能性もあります。残念ながら、はっきりとカレンシーを求めないリーダー、メンバーにカレンシーを渡さず求めるばかりのリーダーも少なくありません。カレンシーの交換は、レシプロシティに基づく双方向のものです。交換が途切れないように意識し、活発化させていきましょう。

## 1　メンバーから何を得たいのか

プロジェクトを成功させるためにメンバーから引き出したいのは、大きく分けると各々の「役割の遂行」と「チームワーク」です。

プロジェクトマネジメントのプロセスの中では、チームづくりは「実行」段階の課題として定義されています。しかし、実際には「計画」段階から主要メンバーによるチームは動き始めていますし、社内の案件や受注案件でも大規模なプロジェクトの場合、「立ち上げ」段階から主なメンバーが決まっていることもあります。顧客に提出する提案書に主なサブチームのリーダーの名前が書かれている、あるいは新製品の企画段階で開発プロジェクトのメンバーはトップまで知らされているといったことは、珍しくありません。いずれの場合も、メンバーが決まったら、なるべく早くチームワークを発揮させ協働するチームへ導きましょう。

## 役割の遂行

プロジェクトのメンバーに最初に求めるカレンシーは、与えられた役割を着実に遂行することです。計画段階で、ＰＭはワークユニット（業務の単位）を決め、各メンバーにいくつかの役割を与えるはずです。たとえば、Ａさんにはシステムのある部分の開発を、Ｂさんにはテストと評価を、といったようにです。

メンバーから引き出すもの、すなわちあなたが得るべきことは、以下になります。

実行段階
1　目標達成の約束
2　行動計画への合意
3　計画どおりの業務の遂行
統制段階
4　報告、連絡、相談
5　指導の受容
6　目標達成のため、変更への柔軟な対応

1　目標達成の約束

ＰＭは、一人ひとりが自分の役割を果たすことを求めます。メンバーによっては、複数の案件に絡んでいる場合がありますから、いくつもの業務を並行して進めれば、どうしても機械的に仕事をこなすことになりがちです。するとときには重要度や優先順位が曖昧になってしまいます。そこで、ＰＭは、メンバーから目標達成の約束を引き出す必要があるのです。

「Aさん、君のこのプロジェクトでの目標は、12月末までに製品のテストを終えることです。よろしいでしょうか？」

「わかりました、大丈夫です。必ず終えます。任せてください」

これが、あなたが求めるカレンシーです。

この約束を引き出すために、あなたはこのプロジェクトに参加すれば、新しい技術を学べる、将来のキャリアにプラスになる、人脈が広がるなど、のカレンシーを示すのです（詳しくは後述します）。メンバーにとって価値あるカレンシーなら、約束を引き出せるでしょう。ただ、ＰＭから先のように聞かれれば、メンバーは立場上ノーとは言えませんから、本心かどうか注意が必要です。表情や態度を見ながら、「気になることがあれば、率直に言ってください。私にできることは何でもするから」といったように、ちゃんと納得していることを確認し、支援を保証すべきです。このようなあなたの姿勢も、メンバーにとってはカレンシーになるものです。

## ２　行動計画への合意

具体的な行動計画についても話し合い、合意しておく必要があります。メンバー各々の計画は、線表（ガントチャート）に描かれるのが一般的だと思います。ＰＭにとって重要なのは、描かれた線表を見て、メンバーが「いけるぞ」と成功を確信することです。口先だけでなく、「できる」という確信をともなった合意を得ましょう。

行動計画のステップは、状況やメンバーの能力に応じて、三つの選択肢があります。

### 具体的な行動の計画をメンバーに任せる

一つめは権限委譲です。行動計画をメンバーに任せてしまいます。条件は、メンバーが任せられるだけの能力をもっていることです。メンバーが技術的にもマネジメント的にも信頼に足る場合に限ります。権限委譲の利点は、メンバーのやる気を引き出せることです。自分で決めた仕事には、有能なメンバーであれば、責任と当事者意識をもって臨むものです。

「そのための計画づくりは君に任せたいと思います。全体のスケジュールの中で調整して決めてください」

「計画ができたら、私にも共有してください。その計画に沿って実行することにします」

### 計画づくりを一緒に行う

二つめは協業です。PMとメンバーが協働で計画を立てます。双方のもつ知識、あるいはPMを含む複数のメンバーの知識を結集させられ、難易度の高い業務の場合、メンバーの能力をやや上回る仕事を任せたい場合など、幅広く適用できます。やはり、メンバーが自分で決めたという感覚や、当事者意識をもちやすい方法ですから、納得の度合いが高まります。

「この目標を達成するには、君ならどういう計画で進める？」

「他の作業との兼ね合いもあるな。私なら、ここは……」

## 経験の浅いメンバーには具体的な指示を

三つめは指示です。メンバーがその業務にほとんど経験がないのであれば、ＰＭがスケジュールを決めてしまうことが多いかもしれません。それでもメンバーは自分の仕事と思って取り組むでしょう。

## 口先だけでない合意を得る

重要なのは、メンバーが計画を自分のものとして、「いける」「やり遂げたい」と感じることです。合意しているということは、内心「無理だよ」と思っているのに、表向き「頑張ります」と言っているのとは違います。心から「やりたい」と思っていることが大切なのです。ここがその後のモチベーションにつながってきますから、気をつけましょう。先述のように、メンバーの言葉だけでなく表情や態度も見ながら、気になっていることがありそうなら、彼らの懸念に耳を傾け、アドバイスや励ましで、不安を解消します。

## 3　計画どおりの業務の遂行

行動計画への合意が得られたら、計画どおりに実行されることが、当然求められるところです。本音で合意し、計画を作成できていれば、業務は円滑に遂行されるはずです。それを確かにするには、メンバーからの報告、連絡、相談が重要になります。

## 4　報告、連絡、相談

計画、実行、統制の各段階で、ＰＭは、予算管理、品質管理、人材管理、リスク管理に関する情報を必要とします。たとえば、品質基準を満たしているかどうか、顧客からのクレームはどうかなど、意思決定に必要な情報の多くは現場にあるからです。

ところが、ＰＭは、プロジェクトの現場で起こっていることすべてを、直接見られません。現場のできごとを逐一観察できませんし、そもそものような時間があれば他部門や顧客との調整に費やす方がよいかもしれません。そこで、現実にはメンバーからの報告によって現場で起こっている変化や問題の多くを知るのです。それは口頭での報告からシステムに入力されたデータまで様々です。これら「報告・連絡・相談」が滞りなく届けられることは、プロジェクトリーダーとしては必ずほしいカレンシーの一つです。

## 「報・連・相」を明確に求める

現場のＰＭにお話を伺っていて、私は「報告・連絡・相談」が想像以上に重要だと感じています。ＰＭが何らかの判断をするとき、判断材料になる情報の多くがメンバーから報告・連絡・相談されてくるものだからです。しかし、メンバーは、自分の担当する範囲で起こった悪い話を知られたくないと考えるものです。有能でプライドの高いメンバーほど、問題を隠したがるようです。一人で解決しようとして、処理しきれないほど多くの仕事を抱え込んでしまい、解決できずに放置してしまうことすらあります。

業務経験が少ないメンバーの場合、あらかじめ、密に報告・連絡・相談をするよう、求めると思います。まだお互いのことをよく知らないメンバーであればなおさらです。何を報告してほしいのか、どんなときに連絡や相談をしてほしいのか、など明確に期待を伝えましょう。

「途中、マイルストーンごとに私に報告してください。気づいたことがあれば、どんなことでも知らせること」

「新製品への顧客の反応で、気づいたことなら何でも私に報告してください」

「決して一人で抱え込まないように。繰り返しますが、私は君の目標達成を助けるのが仕事なんですから」

## 5　指導の受容

メンバーを指導するのは、ＰＭの仕事の範囲外、と思っている方が多いようです。確かに、部下の指導と育成は直属のマネジャーの責任であり、ＰＭの仕事ではないのが普通です。とはいえ、メンバーがプロジェクトの業務遂行能力を高めれば、プロジェクトの生産性が高まるのは間違いありません。よって、ＰＭは、適宜メンバーを指導、教育する方がよいと、私は思います。その場合、メンバーが指導を受け入れることも、ＰＭが求めるべきことです。

アメリカのプロジェクトでは、スコープが決まってから、適切な人材を招集する傾向が強いのですが、日本のプロジェクトでは、機能部門が強く、先にある程度のメンバーが決まっていることが多いようです。前者では、最初から専門能力に長けたメンバーを選任するのに対して、後者の場合はもともといる人間を選任する傾向にあるので、メンバーに専門能力が十分にあるとは限りません。どうしてもメンバーの能力開発が必要なケースが多いようです。研修に参加させたり、あなた自身が教育、指導することになります。

### 仕事の指導は成長のチャンス

しかし、メンバーも普通はＰＭに指導を受けるなど、考えていません。また、指導を受けるというのは、メンバーにとっては自分の無力をさらすようで嫌なものです。でも、解決しなければならない問題にあたったときこそ、成長のチャンスなのです。メンバーにもそれをわかってほしいものです。そこで、何らかの指導が必要になりそうな場合、あなたが指導すること、その指導を受け入れるように、あらかじめ伝えておくといいでしょう。あらかじめ伝えておけば、メンバーは指導を受けやすくなります。

「問題があれば、それはむしろ成長のチャンスです。必要があれば、私もアドバイスしますから、そのときは前向きに取り組みましょう」

## ６　目標達成のため、変更への柔軟な対応

プロジェクトが途中で変更されるのは、なるべくなら避けたいところです。しかし、現実にはいくつかの理由で変更は避けられなくなっています。まず、顧客の事業環境の変化が早く、方針や戦略も頻繁に変わるようになってきているという背景があげられます。あるシステム開発企業のＰＭは、顧客の事業方針が大きく変わったため、構築中のシステムに大幅な変更を加えることを余儀なくされたと話してくれました。変化の早い事業環境の中、避けがたい変更です。

### 変更は起こりうると考える

また、プロジェクトが進むにつれて問題や課題が明らかになると、そのために何らかの変更が求め

られます。段階的詳細化の原則からして、そのような変更はあるものと考えるべきなのでしょう。その分の時間的、予算的な余裕をもっておくべきです。特に、顧客からの要求事項を十分に理解していなかったための変更は、やっかいです。問題の本質がわからないと、変更は五月雨的に繰り返しやってくることがあります。上流工程の管理が重要だ、と叫ばれるのはもっともなことだと思います。ところが、顧客の先（たとえば、顧客の顧客、顧客の上司など）の問題や要求事項を認識しているＰＭは、この問題で躓きにくいようです。

### 変更時の協力をあらかじめ頼む

いずれにしても、変更があったら受け入れるよう、あらかじめ伝えておき、変更が発生したときの対応に備えたいものです。変更はないに越したことはありません。実際に変更があるときでもいいのですが、先に伝えておけば、メンバーは受け入れやすいでしょう。

「本件も、先に進むと変化があるかもしれない。変化に対しては現実的に、柔軟に対応しましょう。そのときは頼みますよ」

### 協働するチームであれば、調整はしやすい

最終的に、メンバーが納得して変更に対応してくれればよいのです。先述のように比較的難易度が

低く、過去に似たような経験のある案件であれば、急な変更があってもメンバーは自分に与えられた仕事の中でかなり対応できることでしょう。

しかし、複雑な問題、新規事業など過去に経験のない挑戦的な課題の場合は、ただでさえ個々の能力の集合だけでは解決するのが難しいのですから、変更となるとなおさらです。メンバー間の調整も難しくなります。協働するチームを目指さなければなりません。

## チームワークの力を引き出す

### 協働するチーム

チームとは、メンバーがチームの目標を達成する責任を共有している集団です。そのようなチームでは、より高い目標に挑戦しようとしますし、またメンバー間で調整が起こります。メンバーが自分に与えられた役割の遂行だけでなく、他のメンバーの仕事と自分の役割のつながりにも配慮して行動します。

サッカーのような球技を想像してみてください。協働するチーム以前の状態だと、メンバーは自分のポジションをこなすことだけに、ベストを尽くします。攻撃陣の選手は攻撃、守備陣の選手は守備にしか取り組まないかもしれません。中には個人成績にしか興味がない選手も出てくるでしょう。対して、協働するチームでは、得点を取るため、失点を防ぐために、すべての選手が協業します。ときには、自分の役割を越えて、プレーするかもしれません。最大の関心はチームの勝利です。

以前、私の住まいの近くに、サッカー日本代表の監督だったイビチャ・オシム氏が暮らしていました。それを知ったのは、近所のスーパーマーケットで彼を見かけることがあったからです。途中病に倒れ監督の座を去りましたが、私にはとても身近な監督、優れたリーダーという印象があります。あるとき、オシム監督がテレビのインタビューに答えていました。「日本代表チームの得点力不足について、監督どう思われますか?」その頃よく話題にのぼっていた質問です。それに対して監督はこう答えました。「得点力不足は攻撃陣だけの問題ではありません。守備陣がどう動くかによって点が取れるかどうかが変わってくるわけですし、ゴールキーパーも点を取るためにどうしたらよいか、考えていてほしいのです」。

点を取るのは全員の責任だというのです。だからどうしたらよいのかを、全員がもっと考えよというのです。そしてお互いに影響を及ぼしながら、優れた戦術を共有し、実行に移す。これが協働するチームの発想です。

## メンバーが主体的に調整できる協働のチーム

協働するチームであれば、メンバーは、プロジェクトの全体を見ながら、話し合い調整します。自分の目標達成以上に、プロジェクトがよい成果を上げることに関心をもつからです。メンバー全員が、チームの目標達成のためにリーダーシップを発揮します。また、メンバー間で資源のやりとりもできます。たとえば、チームの成功のために、自分の予算を他のメンバーの仕事に振り向けることも厭いません。

協働するチームの利点は、メンバー間の相乗効果を生めること、効率的に問題解決ができること、変更にも対応しやすいこと、そして何より、メンバーのやる気を引き出せることです。協働するチームにおけるこのメンバーの働きを、チームワークと呼びます。プロジェクトメンバーのやる気を引き出し、相乗効果を生むためには、メンバーのチームワークは欠かせません。いわば真のチームになるということです。

チームワークの点で、メンバーから引き出したいのは、以下の六点です。

1 チームの意思決定への参画と当事者意識
2 チームの目標達成の約束
3 プロセスと方法の共有
4 対立を怖れることなく、率直に意見を述べること
5 期待や懸念の正直な表明

## 6　卓越のための協働

真のチームになるということは、メンバーには単に与えられた目標の達成だけでなく、チームの目標達成にコミットしてほしい、ということです。

### 1　チームの意思決定への参画と当事者意識

自分で決めたことには、責任をもって臨むのが人間です。重要な議題の決定にメンバーを参加させることによって、彼らの当事者意識と責任感が高まります。あるＰＭは、以前サブリーダーとして参加していた業務システム変更プロジェクトで、プログラムの設計方針を決める会議に参加し、自分の意見を述べたときのことを話してくれました。

「他のリーダーたちは私の考えに真剣に耳を傾けてくれ、私のねらいを理解してくれたようでした。結局私のアイデアは計画の一部に採用されただけでしたが、自分も決定に関われたと感じ興奮しました。他のメンバーの考えも理解できたので、財務やリスク管理など様々な観点から課題に取り組むことを学んだ気がします。そのようなわけで、この計画には納得し、とても力が入りました。それ以来、チームをマネジメントすること自体にやりがいを感じるようになったのです。」

チームワークを引き出すためには、メンバーにもチームの計画づくりに参画させるのが効果的です。しかも、メンバーの参画を役割として位置づけるのです。前の項目ではメンバーの行動計画づくりにメンバーに参画させることを述べましたが、ここでは「チーム全体の計画」であることが異なります。チームの計画段階から参加しているサブリーダー格の主要なメンバーには、計画の策定に参画させれば、チームの目標達成に対してより当事者意識と責任感を感じさせられるでしょう。

「このプロジェクトでは、重要な決定に、みなさん全員が参加してもらいたいと思っています。みなさんの納得があって初めてよい結果が出ると、私は思っているんです」

## ２　チームの目標達成の約束

真のチームでは、チームが共通の目標を達成するため、立場を越えて協働します。メンバーには単に与えられた各自の目標の達成だけでなく、チームの目標達成を約束してもらいましょう。チームの目標が、新製品の開発であっても、社内システムの刷新であっても、クライアントの人事評価制度の構築であっても、チームのメンバーが自分の役割と同様に、チームの目標に本気で取り組ませるのが肝要です。

私の印象では、プロジェクトの目標は、メンバーに思ったよりもはっきりと伝わっていないようです。「プロジェクトの目標は何ですか？」と尋ねると、自分の役割を答えるメンバーが少なくありません。これは、メンバー側がプロジェクトの目標を受け取ってくれていない状態であり、実際にはたいへん多く見受けられます。PMは、おそらくプロジェクトの目標をメンバーに伝えている、と言うでしょう。ところが、メンバーには必ずしも伝わっていないのです。

一人ひとりがチーム全体の目標達成に貢献することを、はっきりと求めるのが大切です。しかし、チーム目標を共有しなければ最終目標は達成できません。それをいかに受け取らせるかが重要で、それゆえにPMには「カレンシーの交換」の考え方が求められるのです。

「今回のプロジェクトは業務改善のプロセスを全面的に刷新することです。来期のスタートにはリリースしたい。これは私たちチームの必達目標です。挑戦的な課題ですが、このチーム全員の力で必ずなしとげましょう」

## 3 プロセスと方法の共有

協働のチームでは、メンバーは作業をこなすことでチームに貢献するだけでなく、チームのマネジメントにも責任感をもって臨むことを求めています。

PMなら、現場で起こっていることを報告させ、必要なデータを入力させていることと思いますが、ご苦労は多いと伺います。たとえば、提携先の会社が別の方法で進めてしまい品質に問題が生じる、正しいデータや報告があがってこない、といった話をよく伺います。グローバルなビジネスが進むほど、考え方、仕事の進め方が異なる人たちと仕事する機会が増えます。多様性が増大すれば、相互の共通理解、共通認識づくりが一層必要になります。マネジメントのプロセスと方法の共有を、より意識していく必要があるでしょう。

「私たちのチームでは、共通のプロセスや方法を取りましょう。そうすれば、みんなで情報を共有でき、チームが今どのような状態にあるか、理解しやすくなります」

## 4　対立を怖れることなく、率直に意見を述べること

協働のチームでは、プロジェクトで直面する困難をチームの力で乗り越えていきます。チームの力とは、個々の力を掛け合わせた相乗効果から生まれてきます。あらゆるメンバーの知識、経験、知恵を課題のテーブルに出し合い、課題達成をめざして最善の方法をつくりあげていくのです。そのために、メンバーには、知識や知恵を惜しみなく開示するよう求めます。相乗効果を生むには、多少の意見の違いを気にせず、率直に意見を述べ合う必要があるからです。意見の違いがあったほうが異なる観点から課題を追求できるので、相乗効果は生まれやすくなるのです。

その反面、異なる観点を持ち込むと、チームの結束を強めるのが難しくなるというジレンマがあります。ただ、意見の相違には何らかの理由があるはずです。それは、見ている現実が違うのか、顧客、部下、株主の優先順位が違うのか、依拠している理論が異なるのか、その理由がわからなければ、話

し合いは表面的になりがちです。それでは、課題の本質には至りませんから、相乗効果を生むのは困難です。そこで、以下が求められます。

## 率直に述べていいのだと、はっきり言おう

メンバーには、意見を述べさせます。なぜそう思うのか、その理由を説明するよう求めるのです。どのデータを見て言っているのか、どのような理論的な根拠があるのか、どの課題、利害関係者を優先しているのか。「なぜそう考えるのか、教えてもらえますか?」と。そうしていくと、見落としがないことをチェックしながら、互いに異なる観点を学び合えます。

ところが、多くの組織（特に日本の会社）では、率直に意見を述べ合うのが困難なことが多いようです。私の印象では、メンバーが本音を言わない、と悩むリーダーがとても多いと感じます。本音が聞こえないことに悩んでいるPMも、半分以上という印象です。やはり異論があると組織がまとまらなくなる面倒を、みんなが避けたいのだと思います。また本音を言って相手を傷つけてはいけないと、相手を気遣うこともあるでしょう。しかし、相手の人格を傷つけるような内容や言い方でなければ、率直に意見を述べること自体が悪いわけではありません、そのことをはっきり伝えるべきです。

気を遣うことにエネルギーを費やし、課題に向き合わないのは組織にとって問題です。あなたのプロジェクトでは、率直な意見が交わされて、活発な本音のやりとりができるチームを目指していただ

きたいと思います。

「意見の違いはあるものだ。だから、率直に意見を述べてほしい。そうすることでお互いに理解し合えるし、よりよい解決策につながるんだよ」といったように、メンバーへの期待をはっきりと伝えましょう。

## 5 期待や懸念の正直な表明

意見の背後には、個人的に抱いている期待や懸念が潜んでいるものです。「リーダーの提案には反対です」と言っている背後には、「私が以前からやりたかった方法で仕事を進めたい！」、「他にいくつもの案件を抱えているのに、これでは寝る時間がないよ」といった本音が隠されているのかもしれません。

多くのメンバーは、会社で本音を言うことに慣れていません。また本音を弱音と受け取られたら、弱いできないやつ、と思われかねないと気にしています。そう考えれば、プロジェクトで本心を明かせないのは、無理もないことです。ですから、メンバーは抵抗し、PMは遠慮するのだと思います。

しかし、正直に言ってもらえれば、本当の問題に対して、チームで解決策を見つけ出せる可能性は高まります。たとえば「リーダーが言われるように進んでいけば、うちのチームにますます負荷がかかってしまいます。メンバーのモチベーションを維持する自信がありません」と言われれば、リーダーを含めたチームで解決策を見い出せます。メンバーにはオープンになってほしいところです。また正直に腹の内を見せ合うと、チーム内の信頼関係が深まり、早く協働のチームを築けます。

「気になることがあったら言ってほしいんだ。みんなの様子だと、なにか気がかりがあるように感じるよ。心配なことはこの際話し合っていきたい」

ぜひＰＭ自身もオープンになってください。

## 6　卓越のための協働

チームに協力関係ができてくると、エネルギーが内向きになり、チーム内の関係を維持すること自体が目的になってしまうことがあります。多くのＰＭが、チームがいわゆる仲良しクラブになってしまうのではないか、と懸念しています。確かに、関係の維持が目的になると、メンバー間に摩擦が生じるぐらいなら妥協したほうがいいという力がかかります。これでは本末転倒です。

ある日本の伝統的企業で部課長対象にリーダーシップ研修を実施したとき、「じゃあみんなで飲みに行って、仲良くなればいいですよね」と言われ、私は頭を抱えました。飲みに行くのが悪いとは思いません。しかし、協働して難しい課題を達成することが目的なのであり、メンバーが仲良くなるのを目指す必要はないのです。仲良くなること自体が目的になってはいけません。

ここでリーダーとしてのＰＭがすべきなのは、高い目標、難しい課題から、メンバーが目を逸らさ

## 各関係者から得るべきカレンシー

| 段　階 | 開　始 | Plan計画 | Do実行 | See統制 | 終　結 |
| --- | --- | --- | --- | --- | --- |
| スポンサー（幹部） | 資源の提供<br>社内への売り込み | お墨付き<br>憲章への記述<br>重要な決裁<br>権限の付与 | 励まし，感謝<br>ねぎらい | 重要な決裁<br>ネットワーク | 公正な評価 |
| 顧客 | 実施への合意 | 要求事項<br>関係者との接点<br>積極的な情報提供 | 積極的な情報提供 | 積極的な情報提供<br>追加リソース<br>無理な変更の回避 | ユーザーからのフィードバック<br>あなたへの信頼 |
| 関係部門のマネジャー | | 計画への理解<br>リソースの提供 | メンバーのケア | | 導入への協力 |
| ビジネスパートナー | | 人材 | プロジェクトへの献身<br>報告，連絡 | 変更への柔軟な対応 | 満足な取引 |
| チームメンバー | チームの目標達成を約束 | チームの意思決定への参画<br>プロセスと方法の共有<br>率直に意見を述べる | 計画どおりの業務遂行<br>期待や懸念の表明 | 報告、連絡、相談、指導の受容<br>変更への柔軟な対応 | 達成感 |

ないように、励まし促していくことです。困難な課題を達成するために、協働して事にあたってほしい、とはっきり伝えていきましょう。私たちは高い目標に向かっている、そのためには全員の能力を必要としている。だからみなさんがお互いにリーダーシップを発揮して、全員がチームとして高い目標を達成していこう、と述べるのです。繰り返し述べることで、最初はリーダーが何を言っているかわからなかったメンバーも、少しずつ理解していくはずです。

メンバーがプロジェクトの目標

達成のために、自律的に動けるようになるのを目指しましょう。彼らが自分たちでプロジェクトをマネジメントし、協働するようになれば、ＰＭは顧客や会社の幹部に積極的に働きかけ、リソースや情報を獲得できるようになります。結果的に、プロジェクトをより進めやすくなるでしょう。

一度にすべてを期待することはできません。しかし、最後にどうなっていたらいいのか、ＰＭ自身が明確に描き、メンバーとも共有しましょう。メンバーが、あなたが何を自分たちに求めているかを理解すると、カレンシーの交換が始まるのです。

## 2 メンバーの立場に立ってみると……

さて、あなたのチームメンバーの立場を考えてみましょう。「立ち上げ」段階からプロジェクトについての噂を聞いているかもしれません。メンバーにアサインされ、どのような気持ちでいるでしょうか。最初から動機づけられているとは考えてはいけません。むしろ、やっかいな仕事が増えた、と思っているかもしれないのです。こちらが求める成果を得るため、チームを動機づけるため、カレンシーの交換の方針を決めていきましょう。

ここでは、メンバーを理解するためのいくつかの手がかりを探っていきたいと思います。前章で述べたように、以下が手がかりとなります。

1　評価の基準
2　上司の期待
3　仕事上の経験
4　教育訓練歴およびキャリアの指向
5　同僚の期待
6　その他関係者の期待
7　風土的側面

**1　評価の基準**

**評価される立場**

組織人であれば、誰でも上長から評価される立場にあります。評価の基準は会社によっても、そのポジションによっても異なります。誰にとっても共通するのは、評価される基準を満たすのが最優先だということです。

部門横断的な業務改善プロジェクトのリーダーとなったSさんは、このプロジェクトに参加することでメンバーがどのように評価されるかを、メンバー自身とメンバーの上司に尋ねてみました。残念ながら、ほとんどのメンバーにとって、プロジェクトに参加することが人事考課上の評価の対象になっていませんでした。多くの機能部門中心のプロジェクトでは、これが現実かもしれません。同時にわかったことは、当然のことですが、機能部門ごとに様々な評価の基準があることです。営業部門では売上や粗利など、生産部門では新製品のラインの立ち上げなど、各々が今年度の目標を抱え、その達成に追われていました。

ここで、評価にまつわるメンバーにとっての合理性を考えてみましょう。自分の業績、評価優先というのは、もちろんメンバーにとっての合理性であって、ＰＭにとっては困った話です。ただ、メンバーの世界から見れば当然のことであり、プロジェクトに積極的でない理由になるのも事実です。ご自身がメンバーだったときの立場も思い出していただければわかると思います。評価されることによってメンバーに起こりがちな心理状態を、検討してみます。

## 担当する役割に徹していればよい

プロジェクトマネジメントをきっちり進めていくと、メンバーにはきれいに仕事が分担されていきます。ところがきれいに分担されていて、第1章でも触れたように、その役割と責任が強調されるほど、メンバーは自分の担当範囲にしか興味をもたなくなりがちです。

二〇〇〇年前後に、多くの会社に〝成果主義〟による人事制度が導入されたときの混乱を、覚えている方は多いでしょう。役割が細分化され、目標管理が徹底され、以前に比べ成果評価で報酬に大きな差が生まれるようになりました。よい結果が出れば自分の給料は上がる一方、結果が悪ければ来年の収入は減るかもしれない。また、同僚の収入が増えれば、自分の収入が減るかもしれない。働く人たちにとって厳しい圧力です。事実、従業員が自分の仕事しかやらない、目標自体を下げようとする、さらには部下との関係を悪くしたくない上司が評価を甘くする、など当初のねらいとは正反対の結果となりました。

## やる気がないとは限らない

プレッシャーがかかると、みんなが自分を守るのに精一杯になるのは、何ら不思議はないのです。そうして、自分の仕事しかしなくなる。言われた以上の仕事をしては損なのですから。自分の仕事の殻に閉じこもっているのが、メンバーにとっては最も合理的というわけです。会議でもうっかりいい意見でも言おうものなら、「それはいい、君さっそく取りかかってくれないか」などと仕事が増えてしまいます。そのうえ、しばしば梯子を外されるのを見ていますから、黙っていたほうがいいと考えがちです。そんなメンバーを見て、リーダーたちは「やる気がない」「モチベーションが足りない」と思っているのかもしれません。

ところが、これはやる気の問題ではなく、どちらが合理的かの問題なのです。メンバーからすれば役割をきっちりと与えられ、これだけやってくれればよい、と言われているのですから。少なくとも、プロジェクトを観察している限り、そのようなケースのほうが多いと感じます。

まず、私たちはメンバーが自分の仕事だけしていれば楽で安全だと感じていること、メンバーにとってはチームに貢献する余裕が少なくなりがちな現実を理解し受け入れましょう。そのうえで対応を考えましょう。

## 厳しい目標は回避したい

前項と関係のある項目です。目標管理が徹底した組織ほど、メンバーは自分の目標を達成できなければ、責められるのは自分と考えます。ですから、自分の目標を低めに設定したくなるのはごく自然なことです。よい成績を得ようと思ったら、最初から目標の水準を下げておくのが合理的なのですから、メンバーにやる気がない証拠というより、賢い証拠と言えるのではないでしょうか。メンバーが高い目標にチャレンジしたがらないのは、こんな背景があるのかもしれません。

## 他にもっと重要なことがある

メンバーによっては、他のプロジェクトとかけもちの場合も少なくないようです。特に優秀なメンバー、他に代えがたい技術をもっているメンバーに、負担が集中します。かけもちが増えれば、メンバーにとって、プロジェクトはとにかくこなすだけの作業になりがちです。その結果、優秀な人材であっても、プロジェクトの優先順位とエネルギーの注ぎ方に齟齬が生じることがあります。

あるいは、ＰＭが考える優先順位とメンバーが考える優先順位がずれている場合もあります。メンバー側からすれば、他に重要な仕事があると思っているわけです。その場合、あなたの仕事が後回しにされているとしても、何ら不思議ではありません。

これらの心理状態に陥りやすいことを踏まえ、どのようなカレンシーで能力を引き出すかが、ＰＭには問われるわけです。

## 2　上司の期待

上司は当年度の目標達成以外にも、部下に様々な期待をしています。若手の育成に手を貸してほしい、現場の情報を知らせてほしい、マネジャーの視点で考えてほしいなど。さらには自分を丁重に扱ってほしいといったことまで、様々です。メンバーの上司も、彼らに様々な期待を寄せているかもしれません。

メンバーが上司の期待を理解しているかどうか、さだかではありません。はっきりと伝えている上司もいるでしょう。部下が察している場合も多いと感じます。いずれにしても、部下には上司の期待に応えようという意識が働くものです。その一方で、上司の期待にすべて応えられない申し訳なさも感じているかもしれません。メンバーがそういった微妙な心境にあること、所属部門の上司の対応いかんで、メンバーのプロジェクトへの取り組みが左右されることも、心にとどめておきましょう。

## 3　仕事上の経験

### 慣れた仕事の考え方になりがち

管理部門の社員は、いかにも管理部門らしく行動します。顧客サービス部のキャリアの長かった友人が財務部に異動して半年後、すっかり雰囲気が変わっていたのに驚いたことがあります。人当たりのよい、ざっくばらんな印象の男性でしたが、半年後表情も抑え気味になり、仕事の細かい部分にこだわるようになっていたのです。仕事の性質によって、私たちの性格まで変わってしまうかはわかりませんが、仕事によって少なくとも習慣の一部は影響を受けるでしょう。

一方、他の部門から異動してきたメンバーや、転職してきたメンバーは、組織に新しい風をもたらしてくれます。彼らのそれぞれ異なる経験から、同じ仕事を長く続けている人とは異なった視点で物事を見るため、受け取り方が違うかもしれません。

メンバーの仕事上の経験を知っていると、何を重視するか見当をつけられます。そして、彼らに会う前であっても、彼らが何に価値を置くか、どのような仕事のやり方を好むか把握できるのです。たとえば、ジーンズにＴシャツで働いている開発部のメンバーと、ネクタイを外さない営業部のメンバーが、同じチームで働くときも、それぞれの考え方を理解しやすくなるでしょう。もっとも、一人ひとりの価値観やニーズは異なります。推測はあくまでも推測と考えましょう。

## ４　キャリアの指向に沿いたい

前項の仕事上の経験に近い項目です。初めてＭＢＡをもつ人たちと仕事をしたとき、彼らが財務的な側面を重視するのに感心したのを覚えています。私は心理学の立場にいますから、組織を人間関係や集団力学で見ようとします。そのため、会社をキャッシュフローや資産の回転やらで捉える視点が、新鮮に感じられたものです。

学校で何を学んだかだけではありません。職業に就いてから参加した会社の研修、資格取得のために通った講座などプロフェッショナルとしての訓練も、その人のものの見方を左右します。

### キャリアの指向

メンバーのキャリアの指向も、メンバーの行動を左右するものです。将来会社の幹部になりたいのか、特定技術の専門家としてやっていきたいのか。プロジェクトマネジメントに興味があるのか。この会社でずっとやっていきたいのか、別の会社でキャリアを積みたいのか、将来起業したいのか。再び大学や大学院で学びたいのか、留学したいのか、などなど。メンバーのキャリアの指向性も様々です。

エドガー・シャイン教授（マサチューセッツ工科大学）が開発したキャリアアンカーは、キャリアについての自己イメージを概念化したものです。キャリアアンカーには、技術的専門家かゼネラルマネジャーか、独立、挑戦、起業、安定、社会貢献、そしてライフスタイルの八つの自己イメージ（キャリアアンカー）があります。エキスパートとしての自分をイメージする人がいる一方で、経営幹部としての自分をイメージする人もいます。一人で自由に仕事できることに価値を置く人もいれば、社会貢献になっていると感じることに満足する人など人の働くイメージや価値観は様々です。加えて、ワークライフバランスを重視する人は年々増える傾向にあります。研修の際に、キャリアアンカーの自己診断を実施していただくと、同じ会社にいてもみなさんのキャリアの指向性は人それぞれだと実感します。

メンバーがどのようなキャリア指向をもっているかをつかんでいると、カレンシーの交換の幅は広がりそうです。それに「あのリーダーは私のことをよくわかってくれている」と感じれば、そんなリーダーのために働きたくなるものです。

## 5　同僚の期待に応えたい

上司以上に、同僚の期待は強く感じられるものです。先述したように、人類は互恵的な〝カレンシーの交換〟によって、集団を維持し生きてきたと考えられています。社会集団の中で相互依存的に生きているというわけです。会社を辞めても、辞めた会社に再雇用されて生計を立てている人はたくさんいます。集団からはぐれることがあれば、生存の危機になるため、同僚から仲間はずれにされるのを避けるように、私たちの脳はプログラムされているのかもしれません。同僚に同調する傾向は、概して強いようです。期待に応えれば仲間として信頼され、応えられなければやがて信頼を失うという、厳しい状況に置かれています。

メンバーも、機能部門の同僚やプロジェクトメンバーの期待を背負っているかもしれません。通信の技術について最先端にいることとか、顧客に強く言えることとか、仲間のとりまとめ役になることか。いずれにせよ、仲間の期待には何とか応えようと努力していることでしょう。

一方で、それゆえに、仲間と仲間の板挟みになる人にしばしばお目にかかります。先日お会いしたメーカーのコーディネーターの方は、事業部と営業の間で調整するのが自分の役割だ、と言っていました。「双方の歯車の潤滑油ですよ」という言葉に、難しい立場を感じました。もちろん、あなた自身が、そういう立場に立っているかもしれません。

## 6　それ以外の関係者の期待
## その他関係者の期待が気になる

顧客と関係が深い営業担当者であれば、顧客の期待に応えなければならないものです。ときに、会社の人間なのかクライエント側の人間なのかわからないほどです。あなたが営業担当者なら、顧客は第一でしょう。他にも所轄官庁、業界団体、メディアなども、あるメンバーにとっては気になる存在です。総務のメンバーは労働基準監督署が気になります、広報のメンバーは新聞記者が気になるかもしれません。

メンバーをとりまく人間関係は、メンバーに影響を及ぼします。ですから、メンバーに影響を及ぼす人間関係を、解き明かしていくと、メンバーの置かれている世界が見えてくるものです。誰もが自分の世界で物事を見て、判断しているのです。私もそうです。部下もそう、チームのメンバーも同様です。

## 7　風土的側面

部門や組織の風土的な側面も、見落としてはいけない一つです。見えない規範に近いものです。会社の風土に、真面目で間違いを許さない雰囲気があると、問題があってもなかったことにされやすくなります。そのために、メンバーは率直にものを言わない、気づいていても報告しないなどが、起こりえます。若者や女性は遠慮するべきだ、という暗黙のルールがあれば、若いメンバーや女性は発言を控え、結果として能力が発揮されにくくなる可能性が大です。

組織の風土をそのままプロジェクトに持ち込んでいいのかどうか、よく考えてみる必要があります。メンバーがおとなしく、チームが不活性な理由が、風土的側面にあるのかもしれません。

このような立場、状況に置かれているメンバーに、以下のような思いが生ずることもあり得ます。

## 不都合なことは隠しておきたい

問題を抱えていること、自分に解決できないことは、あまり知られたくないものです。それゆえに、報告・連絡・相談が遅れることがあります。品質問題、費用の予算オーバー、顧客の不満など、多くは報告遅れから問題の傷を広げてしまいます。ＰＭは、誰でも大なり小なり問題を抱えることがあるのだから、早めに開示したほうが本人も含めて全員が助かると、強調するべきです。

## 自信がないことを認めたくない

誰もが何でも知っていて、何でもできるわけではありません。しかし一般的に有能な人や失敗経験が少ない人ほど、何でも知っていて何でもできる、という自己概念、すなわち自分でつくった自分自身についての定義をもちがちです。また、自分の弱点を認めると、評価を下げられると思い込んでいる人もいます。そのような場合、失敗するかもしれないと感じる仕事を、意図せずに後回しにしてしまう可能性はあります。

そのような場合、メンバーに対して敬意を払いつつ、後回しにしないように促すべきでしょう。

## 個人的にあまり興味がもてない

個人的な理由から易きに流れることも、よく見られます。戦略上重要な仕事以上に、自分の得意な仕事、楽な仕事、興味のある仕事に気持ちが向いてしまうのです。なかには、自分の将来に役立つ仕事なら頑張ると、公然と発言する若者もいます。それには、過大なストレス、人生経験の少なさなどの理由によって、自分がすべきことと、したいことが混同し、優先順位が狂っている場合もあります。本当は、将来役立つ仕事は、今すべてを賭けてエネルギーを注いだ仕事の先にあると思うのですが。

個人的に乗らない仕事があるのは当然のこととして、まずは受け入れ、そのうえで、個人的な理由と優先させたときのメリット、デメリットの両方を示し、本人に選択させるのも一案です。


メンバーがやる気を出さないのは、置かれている状況に左右されているからと考えると、対応策の糸口を見つけやすくなるでしょう。相手の性格を知らなくても、相手に響くカレンシーが推測可能になるからです。

## 3　メンバーに渡すカレンシー

前節では、メンバーから見える世界を検討してきました。特に、チームメンバーとして力を発揮しないメンバーは、どのような立場に置かれ、現状をどう見ていて、どうしたいのか。ＰＭとしては、彼らの立場を理解することが、彼らを動かせるかどうかのカギになります。

ＰＭのあなたにとって得たいものを得るために、どのようにカレンシーを交換するか、どんなカレンシーを自分側からは提供するかが重要です。得たいものに相当するカレンシーを、まずは自分から提供することが、カレンシーの交換では大切です。相手から引き出そう、もらおうと躍起になってしまい、気づいてみると実は自分から何も出していないということが、しばしば起こります。自分から何を出すのかは、常に意識しておきたいものです。

あなたから提供できるカレンシーは何でしょうか。以下は、メンバーに対して提供できる主なカレンシーです。

### 1　ビジョンでわくわくさせる

リーダーシップやマネジメントの解説書を見ますと、どの本にもビジョンの重要性が書かれています。リーダーシップで何が重要ですか、と私が尋ねると、コーエン&ブラッドフォードも、やはり「ビジョンは重要だね」と答えました。リーダーとしてのＰＭにとっては、メンバーにプロジェクトにコミットしてほしい、つまりリーダーがほしいカレンシーは、つまり目標の共有、目標達成の約束です。ところが、メンバーは他の案件も抱えて多忙、ひょっとしたら他にやりたい仕事があって、あなたのプロジェクトには冷淡です。ここであなたの仕事が他の何よりもやりがいがあって面白く、週末の趣味の時間を削ってでも取り組みたい仕事だ、という理由が提示されたらどうでしょうか?

## 心に焼きついたビジョン

以前お目にかかった製薬会社のマーケティングマネジャーは、新製品の早い上市というプレッシャーのかかる役割を、とても楽しんでいるように見えました。お話を伺うと、あるときから仕事が楽しくなったと言います。「何があったのですか」、と尋ねると、彼はある体験を話してくれました。ある日、顧客、つまり担当する医師に呼ばれたのだそうです。「君の薬で助かった患者さんがいる、患者さんが君に会いたいと言っている、ぜひ会ってくれないか」と言うのです。そのようなことを言われたことがないので、おそるおそる、患者さんに会ってみました。すると、患者さん本人も奥さんも彼の手を取り「あなたのおかげで助かりました。ありがとう。命の恩人です」と涙を流して喜んでくれました。彼はその姿を見て衝撃を受けます。「それまでは、自分の仕事は薬を売ることだと思っていました。でも、現実は難病の患者さんの命を救う仕事だったのです。患者さんとご家族の姿を見て、初めて自分の仕事の価値に気づきました。これが私の仕事だったんだと。もちろん、このときの様子はイメージとしてしっかりと目に焼きついています」。彼は、その日から仕事にやりがいと楽しさを感じるようになったと述べていました。そして、そのとき彼の目に焼きついたイメージこそ、使命（ミッション）が絵のように表されたもの、つまりビジョンです。

## ビジョンはメンバーにとって価値あるイメージ

ビジョンは、（仕事についての）具体的なイメージです。私たちはイメージした方向に向かっていこうとします。ビジョンが仕事の本来の目的を示し、生き生きと、やりがいを感じさせるものだったら、どうでしょう。ビジョンに仕事を通じた喜びが現されていたらどうでしょうか。私たちの気持ちは、そちらの方向に向かっていくと言われています。これがカレンシーとしてのビジョンの価値です。

ビジョンがカレンシーとして機能するには、メンバーにとって価値あるイメージであること、そもそもイメージを共有しようという気になることが必要です。メンバーにとって価値あるイメージであるために、彼らが置かれている立場、メンバー個々が見ている世界を意識していくとよいでしょう。そして、はっきりと目標を述べることです。これが案外、カレンシーとして効くのです。リーダーに期待されることだからでしょう。

あなたのプロジェクトを、メンバーの心の優先順位の上位にランクさせるためには、魅力的なビジョンを描き、共有するというカレンシーが、最も効果的と言われています。いわゆる「カリスマ」とは、ビジョンのカレンシーを自在に使えるリーダーを呼びます。

## 2　スポンサーのお墨付きをもらい、示す

あなたのプロジェクトのスポンサーは誰でしょうか？　会社の経営幹部か、部門長か。顧客の場合もあると思います。スポンサーにはそれぞれ目的があって、（この）プロジェクトが立ち上がっています。どのようなプロジェクトにも、何らかの戦略的な意図があるはずです。会社の業績を左右するような大きなプロジェクトであれば、その目的や意図は明確でしょう。私がお話を伺った複数のＰＭが、事業戦略上重要なプロジェクトは方向性がはっきりしているのでマネジメントしやすかった、と述べています。

ところが、しばしば、いえ、多くのプロジェクトは、目的や意図がよく知らされないままに、ＰＭの元に下されてきているように思います。そしてプロジェクトの方向性がよく見えないまま計画が実行に移され、メンバーのやる気が高まらず困っていると、よく耳にします。みなさんもそんなご経験はありませんか？

そこで、次なる有力なカレンシーは、スポンサーからプロジェクトにお墨付きをもらい、それを示

することです。ＰＭは、それがどんなに小さいプロジェクトであっても、目的と意図をつかみ、スポンサーのお墨付きを掲げ、メンバーの心の優先順位を高めることを考えましょう。

そのためには、まず、立ち上げの段階でスポンサーとよく話し合い、プロジェクトの目的と期待されている結果をはっきりさせましょう。その際、メンバーがやる気になるような、モチベーションを高めるようなメッセージを頼めると効果的です。

さらに、スポンサーにプロジェクトの会議に来てもらえるのであれば、それはなお効果的なカレンシーとなります。ある自動車メーカーの社内システムを全面刷新するプロジェクトをとりまとめていたＳＩベンダーのＰＭの話です。キックオフミーティングにクライエントの社長が参加し、このシステムを刷新する意義について、メンバーに直接メッセージを述べてくれたのだそうです。これにはみんなが心から感激した、と述べていました。ベンダーは数社のジョイントだったそうですが、全員がやる気になり、会社間の利害を超えて結束が固まった、とのことでした。

## 3　メンバーの上司に働きかける

優秀で期待されているメンバーほど、他にも重要な案件を抱えているものです。あなたのプロジェクトにより力を注いでもらうためには、彼・彼女の環境を整えるのも有益なカレンシーです。端的に言えば、他の仕事を減らしてもらうことです。それには、該当するメンバーの上司に掛け合って調整してもらう必要が出てくることがあります。メンバー自身が上司に調整を頼むこともできますが、評価に響くのではと思うと頼みにくいものです。それをPMが代わりに引き受けるのです。また、具体的で実際的な計画案も、有効なカレンシーになり得ます。有能なメンバーにとって一緒に仕事しやすいPMであれば、今回だけでなく次回以降もあなたの力になってくれます。

## メンバーの候補者にも根回ししてカレンシーを

上司と話し合う前に、メンバーと個別にこのプロジェクトのビジョンを共有しておきましょう。情報サービス企業のあるPMは、プロジェクト人材計画書に記述していた特に重要な人材とは、早い段階で全員と面談したと言っていました。いわゆる根回しです。このプロジェクトがいかに重要な案件か、やりがいのある機会になるか、など夜の居酒屋で一杯やりながら話をしておきます。プロジェクトに対する期待値を高めたあとで、彼らの上司に掛け合うと、「やりたい仕事に取り組める機会を上司から獲得してくる」というカレンシーを受け取ったと、メンバーに感じてもらえます。

根回しもこのようにカレンシーの価値を高めるように計画していくと、飲みに行って漫然と話をするより、大きなインパクトを得ることができます。

それらに加えて、気が利くPMは、メンバーを高く買っていると、彼らの上司に伝えています。また、実行段階でもメンバーの活躍ぶりに感謝していること、業績と専門能力をほめること、など怠りません。このようなメッセージが、メンバーの上司を通じて彼らに届くことを知っているのです。これは誰にでもできることですね。

## ４　能力開発の機会を提供する

### あなたのプロジェクトが能力開発の機会

近年、ますます自分の専門技術を高めたいというニーズは高まっていると感じます。ビジネススクール、自己啓発のためのセミナーだけでなく、ソーシャルネットワーク上でも専門的な議論が頻繁に交わされています。朝六時台に電車に乗ると、半分ぐらいの通勤客が本を読んだり、語学の学習をしているのに驚かされます。みなさんが学ぶことにどん欲だなあと感じます。会社が教育してくれた時代から、キャリア開発は一人ひとりの課題になっています。一つの会社にとどまる可能性も以前より高くないとなると、将来の仕事のための専門能力は、自ら学び磨かなければならないのが現実でしょう。みんな学びたいのです。一方、よい実践、経験こそ、最も効果的な学びのチャンスであることに変わりはありません。だからこそ、学びにつながるプロジェクトに、力を注ぐ傾向が強まっていると言えるでしょう。

あなたのプロジェクトは、メンバーにとってどのような学びの機会になるでしょうか。新たな技術を使える、尊敬するエキスパートから学べる、これまでにない課題に取り組める、などなど。また複雑な課題に取り組めば、プロジェクトマネジメントやリーダーシップのスキルを学べます。マネジメントのスキルを学ぶという観点は、案外見落とされがちですが、プロジェクトに積極的に参画する利点の一つです。

重要なのは、メンバーにとって将来のキャリアにプラスがあるな、とメンバー自身が感じられることです。プロジェクトはメンバーのキャリアにとってよい機会になると語ることも、カレンシーとして有効です。

## 自分の考えを押しつけない

メンバーの話に耳を傾け、どのようなキャリアを歩みたいのか、どのような成長目標を描いているのかを、理解するように努めましょう。そうして耳を傾けながら、あなたのプロジェクトはどのようにメンバーの成長目標やキャリアの達成に寄与し得るか、頭をフル回転させて考えます。あなたのプロジェクトに関わることによって、どんな学習経験が得られるのか、メンバーの目線から語ることが重要です。この際、「私の経験ではこう思う。君のためになることは確信している。どう思いますか？」という誠意とオープンさが大切です。メンバーから見れば、こちらを尊重してくれていると感じられるでしょう。また、「最後まで私がサポートするから、ぜひ挑戦してほしい」と支援を申し出ることは、学習と成長の機会を感じさせます。もちろん、言ったからには支援を惜しまないでください。

## ５　励まし、勇気づける
## プロフェッショナルでも心細い

研修に参加された方が、研修後もやはり自信なさそうな顔をされていることがしばしばあります。私から見ると、これは当然のことで、現実にはやはり実践して試行錯誤しなければ、多くの技能は本当に身についていかないのです。こんなとき、最も力になるカレンシーは、励ましであると思います。「あなたには必ずできる、私がついていますから」と言うのです。

以前、ある専門職のみなさんに共有リーダーシップを教えていたときのことです。ある女性の参加者と話をして驚きました。その方はとても聡明な印象で、人当たりもよく、その研修に参加していたということは、会社からも期待される有望な人材でした。ところが、この仕事をしていくのに自信を失いかけているのだと言うのです。どうしたのかと聞いてみると、最近仕事にやりがいを感じない、そもそも自分はこの職業の専門的な教育を受けてきたわけではないと答えました。何を学んできたのですか、と尋ねると心理学なのだそうです。それも心理学では日本でトップレベルの大学です。もうすこし話を聞いてみると、何年かキャリアを積んで業務がより複雑になってくると、専門的な学部や大学院、アメリカの教育機関で訓練を受けてきた人たちと比べて、自分が今の職業では見劣りするようになってきた、と言うのです。その職業は、資格取得の難しさで言ったら最難関です。そのような職業に就いているだけでも大変なことなのに、自信がないと言われるので、私は驚いたのでした。

## 自分自身の存在価値を思い出させる、励まし

そこで、私は思ったことを次のように述べました。あなたは心理学を学んできた。心理学は相手の気持ちを理解するうえで役に立っている。これから今まで以上にプレッシャーにさらされた顧客（経営者）に接するとき、あなたの心理学のバックグラウンドが生きるはずだ。顧客の心に寄り添い、意思決定を支援してあげる立場に立てばよいのではないか。心理学を専攻してあなたの職に就いている人は、日本中にそう多くはいないから、他の同業者に比べて絶対的な存在価値がある。あなたにしかできない仕事を待っている人がいるのではないか、といった趣旨で述べたのです。こうして言葉を交わしているうちに、この方から目の輝きが感じられるようになりました。きっと彼女は元気に職場に帰っていったと思います。

自分自身の存在意義、価値を感じられると、人は誇りを感じ大いに励まされるものです。特に難しい挑戦をさせる、率先してリスクを取らせるには、メンバーの役割に対する意識を高め、誇りをもたせるカレンシーが効果的です。あなたのチームメンバーで、どこか自信なく仕事をしている人がいたら、励まし、勇気づけてください。それが大きなカレンシーになります。もちろん、あなたの「相手

の力になりたい」という誠意が問われるのは、言うまでもありません。

## 6　ネットワークに招き入れる
## 人間関係が満たされるのは幸せ

人間の基本的な欲求の一つは、人と関わることにあります。アブラハム・マズロー、アルフレッド・アドラーなど、多くの二〇世紀の心理学者は、個人にとっての人間関係の重要性を強調しています。マズローは、欲求五段階説の中で、食欲などを満たして生存でき、雨風しのげる安全な場所があれば、次に必要なのは人間関係の欲求を満たすこと、そして他者から認められることだと述べています。アドラーは共同体感覚が健全な人間の条件であると指摘しました。人間は他者との間に協力関係を築いてこられたので、分業が進み大きく発展したと言えます。人間関係を築ける能力は、子供の頃から親に教わり身についてきているばかりでなく、遺伝子に組み込まれているのかもしれません。よい人間関係のネットワークに入れることは、大きなカレンシーになり得ます。社内外のキーパーソンと話せる機会をつくる、メンバーを売り込む、などはメンバーにとって将来につながるカレンシーになるでしょう。

## 7 その他

**エンパワメント**　自由に判断して実行できるだけの権限が与えられているとき、人は自分のもてる力を発揮しやすいものです。メンバーを信頼し判断をゆだねるのは、カレンシーになり得ます。特に一人で挑戦したいと考えるメンバーには有効です。任せることが、相手にとってはカレンシーになるのです。

**情報**　エンパワメントが有効に機能するのは、メンバーに十分な知識や情報があるときです。PMしか知り得ないような情報を得ることによって、メンバーはより優れた決断ができるようになります。メンバーにとって役立ちそうな知識や情報は十分に付与しましょう。情報源を示唆するだけで、よい決定につながることもあります。

**リソース**　もちろん、人・物・金によって、メンバーをやる気にさせることもできます。人手があれば、他のプロジェクト以上に働いてくれるかもしれません。場合によっては、あなたや他のメンバーが、他のプロジェクトを手伝う手もあるでしょう。もちろん、その前にリソースを仕入れておかなければなりません。それはスポンサーとの交換（第6章）で検討します。

**あえて借りをつくる**　最近ちょっと高価なある買い物をしました。その際に、ベテランの販売員よりも経験が少ないと思われる販売員から購入することにしました。その販売員は、「自分には知らないことばかりなので、いろいろと教えてもらって助かりました。本当にありがとうございます」と何度も口にしていました。あなたのおかげ、言い換えると自分は借りがある状態にある、と示していたことになります。それは相手に、「この人は、借りを返すに違いない、裏切らないに違いない」と感じさせ、大きなカレンシーになり得ます。やっかいな計画の変更のような場合、自分は全力で現場を支援すると伝え、率直で誠意ある態度でメンバーに協力を頼めば、それだけで十分にカレンシーとして機能することすらあるのです。

**コーチング**　近年コーチングは、リーダーの重要な役割になりました。メンバーの目標達成を助けるのが、コーチングの目的と役割です。そして、コーチングは有力なカレンシーの一つになります。自分の目標を理解し、達成を手助けする人がいることは、誰にとっても価値あることです。まさにパートナーの役割です。

**フィードバック**　人は、自分が何をやっているのかについて、案外つかむことができていません。たとえば、知らず知らずに繰り返す癖に、誰かが指摘してくれてはじめて気づくことは、よくあります。フィードバックは、自分自身についての情報を外部から戻してあげることです。この場合、本人が気づかないメンバーの仕事ぶりを、客観的に見られるように教えてあげるのです。よいことも悪いことも、率直なフィードバックはメンバーの助けになります。

**挑戦的な目標**　高い目標を目指す機会を与えられるとは、挑戦するに値すると認められたと言えます。ゆえに、リーダーから挑戦的な目標を示されると、リーダーが信頼してくれていると感じるのでしょう。認められることと成長の機会、この二つに関わるカレンシーです。

## 4　効果的な交換のために

プロジェクトを早く本物の協働するチームにし、目標達成に取り組ませるのが、私たち共通の課題です。もう一度、協働のチームにするためにメンバーに何を求めるのか、ここで確認しましょう。

1　チームの目標達成を約束する
2　チームの課題を達成するために、知識と知恵を出し合う
3　チームの意思決定に参画し、当事者意識を抱く
4　意見の対立を怖れることなく、率直に意見を述べる
5　不安や懸念を正直に表明する
6　卓越のために協働する

## 早めに率直に伝える

チームとしてのプロジェクトがどうなっていったらよいのか、メンバーに何を求めるのか、メンバーには早い段階で率直に伝えていきます。

「このプロジェクトの目標は、年末商戦に向けたECサイトの全面刷新です。十月初旬の立ち上げを目指して、九月三十日までに、すべての準備を整えます。十月から十二月までの第三四半期に、売上を前年比二〇％向上するのが目標です。これは私たち全員の目標です。（以上1）みなさんには、これまでにない効果的なサイトを立ち上げられるよう、もっている知識を惜しみなく投入してほしい。（2）全員がチームの意思決定に責任をもつのが、私たちのチームのやり方です。意見を述べ、納得のうえ取り組んでください。3　意見の対立があるかもしれない。異なる意見は、新しい方法を生み出すチャンスになるし、自分が見落としている点をチェックすることにもなります。ですから、率直に意見は述べ合いましょう。4　また反対意見はもちろん、何かしっくりとしないことがあれば、それも正直に述べてください。質問は大歓迎です。5　とにかく他にできないことをやって、消費者にも納入業者にも喜んでもらえるようなものにしていきましょう。6」

## あなたの本気が試されている

この表現には、プロジェクトの目標と、どのようにチームに関わり、どのようなチームを築きたいのかが示されています。早い段階でリーダーがメンバーに求めるためには、リーダーの本気が不可欠です。そのためでしょうか、多くのPMが、メンバーに何を求めるのか、はっきり口に出さないことがあると言っています。「メンバーが退いてしまうかもしれないではないですか」と言う人もいます。でも、メンバーから見るとPMがはっきりと方向を示してくれたほうが、仕事をしやすいのです。ここがカレンシーの交換の面白いところだと感じます。

相手に要求するのは、一種の投資です。返ってくるかどうかわからない賭けとも言えます。ですからメンバーは、リーダーがこのような言動を見て、このプロジェクトに本気で取り組もうとしているのかどうかを、一瞬にして読み取ります。

## もし知っていたら……

個人的な経験です。以前あるアメリカ系の会社で仕事していたときのことです。厳しい日本市場での事業は困難を極め、私たちはみな苦しい立場にいました。とうとう事業の撤退が決まり、メンバーはそれぞれの道を歩くことになり、アメリカ人のリーダーも家族とともに帰国することになったのです。空港に向かうリーダーを見送りに、チームのメンバーたちが集まってきました。そこで彼は、こう言ったのです。「みんながベストを尽くしてくれたことに私は心から感謝している。みんなの力がなければ、ここまでこられなかった。私たちのチームに参加してくれてありがとう。」この言葉を聞いたとき、熱い思いがこみ上げてきて「ああ、もっと何とかできたんじゃないか。もっと彼に尽くすことができたんじゃないか」と悔やむ気持ちで一杯になりました。同時に「彼はそんなふうに思っていたんだな」と愕然としたのを覚えています。自分でも勝手だな、と思いますが、「何だ、最初からそう言ってくれたら」と思わないではありませんでした。もし事業のスタートの時点で彼が「みんなが、この挑戦の場に集まってくれたことに、心から感謝しています。私たちの目標は、日本市場で、このセグメントで確固たるシェアを獲得し、ブランドを定着することです。そのために、すべての能力を結集させて難問を乗り越えてほしい。たとえ血を見てもだ！」と言っていたらどうだったか。結果はわかりませんが、メンバーの反応は、いや少なくとも私は違っていたと思います。

## リスクを冒す姿勢がメンバーにはカレンシー

リーダーがメンバーに何かを求めるのは、リスクがあります。確かに、メンバーの中には反発する者も出るかもしれません。しかし、メンバーから見るとそのようなリスクを冒すリーダーには、意表を突かれます。リスクを冒す姿勢には、本気を感じるでしょう。そこに、あなたは相手が価値を感じるカレンシーを示すのです。

「私たちのチームは、かなり難しい目標に挑戦しようとしているんだ。君にももっている力を存分に発揮して、他のメンバーとも協力して、この目標を達成してほしい。そのために何でもしよう。

何が必要だろうか」という姿勢です。

ここでカレンシーを渡す約束をするのですから、あなたは再びリスクを冒すことになります。この真摯な姿勢によって、メンバーはあなたからカレンシーを受け取ったと感じるに違いありません。

## 5　チェックリスト「チームメンバーを動かす」

### ■目標・何を得たいのか

役割の遂行

- □目標達成の約束
- □行動計画への合意
- □計画どおりの業務遂行
- □報告・相談・連絡
- □指導の受容
- □目標達成のため、変更への柔軟な対応

## チームワークの力を引き出す

□チームの意思決定への参画と当事者意識
□チームの目標達成の約束
□プロセスと方法の共有
□対立を恐れることなく、率直に意見を述べる
□期待や懸念の正直な表明
□卓越のための協働

## ■メンバーの立場に立ってみると

□評価の基準
□上司の期待
□仕事上の経験
□教育訓練歴及びキャリアの指向
□同僚の期待
□その他関係者の期待
□風土的側面

■ メンバーに渡すカレンシー

□ ビジョンでわくわくさせる
□ スポンサーのお墨付きをもらい、示す
□ メンバーの上司に働きかける
□ 能力開発の機会を提供する
□ 励まし、勇気づける
□ ネットワークに招き入れる
□ その他
・エンパワメント
・情報
・リソース（予算、時間、人手、等）
・あえて借りをつくる
・コーチング
・フィードバック
・挑戦的な目標

# 第3章　カレンシーでビジネスパートナーを動かす方法

「協力会社の連中さえいい仕事をしてくれたら、計画を達成できなくなる不安はずっと少なくなるんです。彼らを、思うように動かせたらいいのに！」

多くのPMからこのような嘆きを聞きます。組織にとって、取り組むべき課題はいずれも重要で喫緊、複雑で難易度が増していますから、能力を結集して解決させていかなければなりません。ところが、多くの会社は（数年前に）リストラを進め、必要最低限の精鋭が残っているのみです。とはいえ、いくら精鋭といっても、必要となるすべての技術において専門家ではあり得ませんから、社外の人材がもつ専門能力に、より多く依存しなければならなくなっているのが実情です。実際に、製品開発、システム開発、会計プロセスの変更、社員研修の導入、など多くのプロジェクトに、社外の協力会社、ベンダー、コンサルタントらのビジネスパートナーが参加しています。彼らに依存する度合いが高まるのにともなって、呼び方も〝請負〟、〝外注先〟から、〝協力会社〟や〝パートナー〟と変わってきています。ビジネスパートナーを動かせるかどうかが、プロジェクトの成否にかかっています。

しかし、お目にかかるPMのほとんどが、プロジェクトで協業するビジネスパートナーの扱いで苦労されていると感じます。「当事者意識が感じられない」「専門能力がある分、扱いにくい」と伺います。その結果が、冒頭の嘆き節になるのでしょう。

ビジネスパートナーをもっと効果的に動かせれば、あなたの心はもっと穏やかに過ごせるはずです。そのために、ビジネスパートナーとカレンシーを交換する計画を立てていきましょう。

ここでは、協力会社、ベンダー、コンサルタントらを総称して、ビジネスパートナー（以下パートナー）と呼ぶことにします。

## 1　パートナーから何を得たいのか

パートナーとひとことで言っても、メンバーと彼らのマネジャーでは立場が異なりますが、私たちが動いてほしいのはその両方、つまり現場のメンバーと彼らに影響を及ぼせるマネジャーの両方です。

プロジェクトの各段階で、PMが得るべきカレンシーがあります。パートナーに求めるカレンシーは、人材、プロジェクトへの献身、報告・連絡、変更への柔軟な対応、満足な取引です。特に、優れた人材の確保がプロジェクトの遂行には重要であるだけに、獲得する人材と交換するためのカレンシーを、早い段階から用意する必要があります。

## １　よい人材

まずは有能な人材の獲得です。この場合、有能とは、次の三点です。

① プロジェクトに必要で、社内にはない技術をもっている

② 必要な技術について水準以上であるばかりでなく、パートナー会社社内でもナンバー一クラスの知識とスキルをもつ

③ 計画性があり他者と意思疎通できるコミュニケーション力がある

私がお目にかかってきた優れたＰＭは、なるべく自分で人材を選ぶと述べています。同じチームで仕事をした経験、他のＰＭからの情報、業界での評判などを収集し、評価していました。あるメーカーのＰＭは、関係会社の人材については詳しい情報をもっていると言っていました。専門能力はもちろん、チームメンバーとして協力的に仕事ができるかどうかも調べてあるそうです。社内にはない専門能力を必要とする度合いが高いほど、優れた外部の人材が欠かせませんから、これらの人材に関する情報は重要で、いつも気にしていると打ち明けてくれました。

みなさんは、パートナー会社の誰が〝有能な人材〟に相当するか、ご存じでしょうか？　これまでに取引があれば、知っているかもしれませんし、相手がなじみのない会社ならあまりよくご存じない

かもしれません。しかし、〝有能な人材〟を知らなければ、プロジェクトの能力はパートナー任せになってしまいます。

〝有能な人材〟をあらかじめ知っておきたいものです。こちらが求める条件は、カレンシーを交換するときの目標になります。「○○さんに来てほしい」とはっきり言えるように、準備しましょう。もちろん、そのために交換するカレンシーも用意します。

## 2 プロジェクトへの献身

プロジェクトに参加したパートナー会社のメンバーには、プロジェクトの目標達成のために、自社のメンバーと同じように献身してほしいものです。与えられた役割の遂行はもちろん、チームワークの発揮も求めるべきだと思います。役割の遂行とは、個々のメンバーの作業範囲で目標を達成することなのに対して、チームワークには、プロジェクトの目標達成のためにメンバー間で影響を及ぼし合うことが含まれます。有能な外部のメンバーに参加してもらうのは、単にプロジェクトの一パーツとなってもらうことを期待しているのではなく、他のメンバーがもつ知識や技術と組み合わさって生み出される相乗効果が本来のねらいのはずだからです。

私の印象では、優れたＰＭは、パートナーに遠慮なく要求しています。それに対して多くのＰＭは、パートナーを動かすのをあきらめているか、尻込みしているように見えます。「直接指示を出せないから」「契約にないから」というのが、彼らの言い分です。確かにそういう面もあるでしょう。

テレビドラマのディレクターから聞いたお話によると、ドラマの撮影現場は活気とエネルギーにあふれ、現場のメンバーはいい映像をつくるために、喜んで全力を尽くしています。放送局の社員は給料も高いんじゃないか、と思われるかもしれません。しかし、ドラマの製作現場で活躍しているメンバーの九五％は外注先の社員で、放送局の社員はごくわずかだそうです。つまり、ここでもパートナー会社の社員がほとんどという条件なのです。「テレビは特別だろう」と言いたくなるでしょう。確かに、みんな映像づくりの現場が三度の飯より好きなのだそうですし、また大俳優と仕事ができるとなると、多くの若者が無報酬だったとしても働きたがるそうです。特殊な環境であると言えるでしょう。ただ、ここで重要なのは、条件が悪くてもメンバーが喜んで参加しているプロジェクトがあるということです。厳しい納期と限られた予算しかないプロジェクトであっても、パートナーのメンバーを動かし、彼らの献身を引き出すのは無理だ、とは決して言えません。

彼らがプロジェクトの挑戦や意図を理解し、同じプロジェクトチームのメンバーとして高い水準の仕事をすることが、ＰＭの求めるカレンシーです。こちらが差し出すカレンシーは、彼らの心をつかむようなビジョンです。ビジョンによって、自分の立場を越えることができるようになるからです。

## 3　報告・連絡

パートナー会社のメンバーにも、マネジャーにも、プロジェクトの進捗について報告を求め、分かったことは連絡を受けましょう。離れた場所で作業をさせていれば、なおのことです。オフショアリングの開発で、きちんと報告を受けずにいたら、期待と違う成果物があがってきてしまった、という話を耳にしますが、あってはならないことです。報告と連絡は、ＰＭが受け取るべきカレンシーです。それも事実ベースの情報を得ることが重要です。

パートナーとのコミュニケーションを上手にとっているＰＭは、現場からの正しい報告・連絡を受け取っています。彼らは相手を尊重する、感謝を示す、こちらから声をかける、などのカレンシーを渡しているようです。一見小さく、地道なカレンシーの交換によって、報告・連絡を引き出しています。

## 4　柔軟な対応

プロジェクトを進めていくと、必ずと言っていいほど、途中で計画の変更を余儀なくされます。変化の早い現在のビジネスで、プロジェクトを発注する顧客が置かれている状況もどんどん変わっていますから、変更はあるものと思って対応に注力せざるを得ません。ＰＭがパートナーから得たいカレンシーは、変化に応じて柔軟に対応してもらうことです。

郵　便　は　が　き

料金受取人払郵便

落合支店承認

2045

差出有効期間
2014年１月14日

（期限後は切手を
おはりください）

161－8780

東京都新宿区下落合2-5-13

㈱ 税務経理協会

社長室行

| | | | | |
|---|---|---|---|---|
| お名前 | フリガナ | | 性別 | 男 ・ 女 |
| | | | 年齢 | 歳 |
| ご住所 | □□□-□□□□ TEL （ ） | | | |
| E-mail | | | | |
| ご職業 | 1. 会社経営者・役員 2. 会社員 3. 教員 4. 公務員<br>5. 自営業 6. 自由業 7. 学生 8. 主婦 9. 無職<br>10. 公認会計士 11. 税理士 12. その他（ ） | | | |
| ご勤務先・学校名 | | | | |
| 部署 | | | 役職 | |

ご記入の感想等は，匿名で書籍のＰＲ等に使用させていただくことがございます。
使用許可をいただけない場合は，右の□内にレをご記入ください。　□許可しない

ご購入ありがとうございました。ぜひ、ご意見・ご感想などをお聞かせください。
また、正誤表やリコール情報等をお送りさせて頂く場合もございますので、
E-mail アドレスとご購入書名をご記入ください。

| ご購入書名 | |
|---|---|

Q1　お買い上げ日　　　　年　　　月　　　日
ご購入方法　1．書店で購入（書店名　　　　　　　　　）
2．インターネット書店　　3．当社から直接購入

Q2　本書のご購入になった動機はなんですか？（複数回答可）
1．店頭でタイトルにひかれたから　2．店頭で内容にひかれたから
3．店頭で目立っていたから　4．著者のファンだから
5．新聞・雑誌で紹介されていたから（誌名　　　　　　　）
6．人から薦められたから
7．その他（　　　　　　　　　　）

Q4　本書をお読み頂いてのご意見・ご感想をお聞かせください。

Q5　ご興味のある分野をお聞かせください。
1．経営　2．経済・金融　3．財務・会計
4．流通・マーケティング　5．株式・資産運用
6．知的財産・権利ビジネス　7．情報・コンピュータ
8．その他（　　　　　　　　　　）

Q3　カバーやデザイン、値段についてお聞かせください

| | | | | |
|---|---|---|---|---|
| ①タイトル | 1良い | 2目立つ | 3普通 | 4悪い |
| ②カバーデザイン | 1良い | 2目立つ | 3普通 | 4悪い |
| ③本文レイアウト | 1良い | 2目立つ | 3普通 | 4悪い |
| ④値段 | 1安い | 2普通 | 3高い | |

Q6　今後、どのようなテーマ・内容の本をお読みになりたいですか？

仕事のやり直しが避けられないのに、追加の出費は難しいようなとき、パートナーには難しいことを依頼しなければなりません。そんな依頼をするのは、気が引けますが、パートナーの協力なくしてプロジェクトを成功させられないのです。何としても動いてもらいましょう。どうしましょうか。

難しいことをパートナーに平気で頼める人は、パートナーに貸しがあると思っている人、言い換えると自分のほうが余計にカレンシーを渡していると思っている人です。あるシステム開発会社のＰＭは、ビジネスの動向などのいい情報を、パートナー会社のマネジャーに、日頃から会社の秘密情報に触れない範囲で話していました。彼は、「だから、難しい話もためらいなく頼めるんですよ」と言っていました。頼みにくいのは、カレンシーの交換で相手からカレンシーをもらい過ぎだと感じているときです。そのようなときは、急いで何らかのカレンシーを用意し、対等な条件にしてしまいましょう。例えば、情報を早めに開示する、頭を下げてお願いする、理不尽なことを言わないなどです。すると、難しい要求もしやすくなるはずです。その際に、パートナーの立場を考えてカレンシーの交換をすれば、よい結果も得られやすくなります。

## 5　満足な取引

パートナーには、将来にわたって優れたメンバーをあなたのプロジェクトに供出する、柔軟に対応するなど、今後もよい仕事をしてもらいたいことでしょう。そのためにも、プロジェクトが完了する

## 各関係者から得るべきカレンシー

| 段　階 | 開　始 | Plan計画 | Do実行 | See統制 | 終　結 |
|---|---|---|---|---|---|
| スポンサー（幹部） | 資源の提供<br>社内への売り込み | お墨付き<br>憲章への記述<br>重要な決裁<br>権限の付与 | 励まし，感謝<br>ねぎらい | 重要な決裁<br>ネットワーク | 公正な評価 |
| 顧客 | 実施への合意 | 要求事項<br>関係者との接点<br>積極的な情報提供 | 積極的な情報提供 | 積極的な情報提供<br>追加リソース<br>無理な変更の回避 | ユーザーからのフィードバック<br>あなたへの信頼 |
| 関係部門のマネジャー | | 計画への理解<br>リソースの提供 | メンバーのケア | | 導入への協力 |
| ビジネスパートナー | | 人材 | プロジェクトへの献身<br>報告，連絡 | 変更への柔軟な対応 | 満足な取引 |
| チームメンバー | チームの目標達成を約束 | チームの意思決定への参画<br>プロセスと方法の共有<br>率直に意見を述べる | 計画どおりの業務遂行<br>期待や懸念の表明 | 報告、連絡、相談、指導の受容<br>変更への柔軟な対応 | 達成感 |

段階で、彼らの満足を確認しておくことが、こちらにとってのカレンシーになります。

私自身、プロジェクト終結時に反省会があっても、「満足しましたか？」と聞いていただけることはめったにありません。しかし、クライエントと率直に話し合ったほうが、「次回もやるぞ！」という気になりますし、打ち上げがあって高揚した気分になればさらにやる気になります。

満足したと言ってもらえば、あなたは次のプロジェクトでカレンシーを、すなわちよい仕事をしてもらえるのです。熟練したＰＭは、こうして次のプロジェクトでもうまくマネジメントしています。

以上のようなカレンシーを、ビジネスパートナーから引き出したいのです。そこで、相手にとって価値あるカレンシーと交換します。そのために、まず相手の立場を考えなければなりません。

## 2　パートナーの立場に立ってみると……

### 1　有利な契約を交わしたい

ＰＭとパートナーの関係は、基本的に契約に基づくものですから、継続的な協力関係を維持しようと思ったら、どちらか一方だけが有利な取引はあり得ず、双方に利益があることが望ましいのです。とはいえ、こちらの予算には限りがあり、できる限り有利な条件で取引したいと考えます。同様にパートナー側にも有利な契約を交わしたいという力が働きます。彼らも上司から様々なプレッシャーを受けています。パートナーにとって、時間と人が売り上げの源泉なのです。メンバーの離職率を下げるように言われているかもしれません。例えば、もし人材がうつ病になり戦線離脱することになれば、即売り上げに響きます。自社に有利な契約を求めるのは当然のことです。

利害の不一致に直面すると、相手が敵に見えてくるものです。ところが、こちらが相手を敵だと思うと、相手もこちらを敵として対応してきます。こちらの言うことにことごとく反発してくるというわけです。国家間にも同じような関係が見られますが、そのような二国間は外交的に行き詰まってしまっています。私たちとパートナーの関係が、敵同士になってはよい結果にはつながりません。味方同士の関係（Alliance）でなければなりません。

また、仮に今回こちらだけが相手を思い通りにするのでは、次回以降、相手は本当の意味でプロジェクトに貢献してくれなくなるでしょう。チームとしての力を発揮するのは難しくなっていきます。ある高い交渉力を誇る会社がありました。リーダーは、常に自分たちがよい条件でビジネスを進めると強気でした。しかし、一社、二社とその会社に協力しなくなり、気がつくと難易度の高い案件には対応できなくなってしまいました。結果的に競争力が低下し、業績は長く低迷しています。この会社をＰＭに置き換えれば、会社の衰退とＰＭ個人のキャリアが重なって見えると思います。

まず、パートナーのマネジャーも、こちらと同様によい条件で契約したいと思っていることを認めましょう。彼らもあなたと同様に難しい立場に置かれているのです。

## 2　自社メンバーを擁護したい

多くの上司が部下を思うように働かせたいと思っている反面、しばしば部下を擁護する、あるいは無理させまいとします。以前、あるプロスポーツリーグのオールスター戦についての報道を読んでいたら、オールスターチームの選手を何人も出した（彼らの）所属チームのコーチが、「オールスター戦で無理して負傷しないでほしい。オールスターチームの監督にも、怪我させないようにと重々念を押しておきたい」と述べている記事に目がとまりました。この言葉を言い換えると「怪我をするほど本気でプレーしないでほしい」と言っているようにも見え、いささか苦笑してしまったのですが、コーチのその心配はよくわかります。

パートナー会社のマネジャーから見ると、部下をクライエントのもとに遣わせているのは、やはり心配の種です。そのままクライエントに引き抜かれたり、クライエントに損害を与えたり、健康を害したりと、何らかのトラブルに巻き込まれるかもしれないのです。自分で管理すべき監督責任のある部下を、事実上管理下から手放しており、統制が難しい状況です。目の届かないところで部下が働いているのは、上司にとって快いものではないはずです。中には、親が親らしいことをできないと負い目を感じるように、上司らしいことができないことに負い目を感じる上司もいます。負い目を感じないまでも、自分の部下を壊されたり、思い通りにされるのは、避けたいものです。

それゆえ、彼らが部下を擁護したいと思うのは何ら不思議ではありません。

## 3　下に見られたくない

強硬な相手の中には、自分が軽く扱われていると感じている人が多い気がします。誰でも自分が相手よりも〝下〟に感じられるのは避けたいでしょう。中には、そう感じられると相手にくってかかってくる人もいます。自分を尊重するように要求するのです。パートナーにはマネジャー、メンバー問わず、そんな気難しい人もいます。でも慌てないでください。彼らも、人として尊重されたいだけなのです。

こちらとしては、パートナーの専門技術に頼らなければならないので、その分自分は弱い立場にいると感じているかもしれません。しかし、先方はやはり外注先であって、こちらから契約解除を言い渡されたら売り上げがなくなってしまうという、絶対的には弱い立場に立たされています。

虚勢を張る人の多くが、下に見られたくない、尊重されたいという思いと、自分が弱い立場にいる心細さが重なったときに、態度を硬化させるように思います。相手が自分の真価に気付いていない、だから本当は自分はもっと尊重されるべき人間なんだ、ということを証明しよう、というのが彼らの本音と考えられます。

# 3　パートナーに渡すカレンシー

## 1　ビジョンを共有する

私は、ビジョンはパートナーのマネジャー、メンバーに対しても有力なカレンシーだと思います。パートナー側にとっては、プロジェクトの案件そのものを支配することはできません。多くはクライエントからの業務の請負です。請負とはいえ、言われたことだけをやっているというのは、ストレスになります。自分たちなりの価値や意義が感じられなければ、全力投球はしにくいものです。現実によい仕事をするパートナーのマネジャーとメンバーは、自社の従業員と同様に、プロジェクトのビジョンを共有しています。

### ■忘れられないプロジェクトになる

私の個人的な経験、ビデオ教材制作のときのことです。この教材は販売員の販売技術向上を図り、顧客の満足度を高めるのが目的でした。同時に、この教材製作には、販売員に仕事のやりがいや達成感を感じてもらおうという意図がありました。ビデオ制作は、俳優、監督をはじめ、ほぼすべてのメンバーが他社から参加しているプロジェクトです。何とかこの仕事の価値をみんなと分かち合いたいと思った私は、カメラマン、照明係、俳優らを部屋に呼んで、会社の歴史から始まり、つくられるビデオ教材がいかに顧客満足につながるか、従業員の喜びにつながるか、私たちのブランド価値を高めるかについて話しました。「だから、他にはないよい教材をつくりたいんです」と訴えたのです。映像がねらっている意味づけも説明しました。このブリーフィングのねらいは、もちろんビジョンの共有です。それによってビデオ作成のプロジェクトが、関係者の役に立つ、他ではできないよい仕事ができる機会だ、と感じてもらいたかったのです。

説明に費やした時間は、わずか三十分ぐらいだったと思います。しかし、効果が出ました。よい映像をつくることに、ディレクターだけでなくカメラマンや俳優、照明、音響係が立場を越えて、ああしたほうがいい、こうしたほうがいい、と意見を述べるようになったのです。彼らは、全員が社外のメンバーです。でもこのプロジェクトを意気に感じてくれ、協力してよい映像をつくってくれました。もちろん、教材としても大成功でした。多くの販売員やその上司に喜ばれる教材になりました。

それから一年あまりが過ぎてから、私は都内のある駅で声をかけられました。振り返るとあのときのカメラマンが立っていました。すると、彼はこう言ったのです。「あのときの撮影が忘れられないんですよ、またぜひやりましょう、そのときは呼んでください」と。あのときの彼の顔を忘れることはありません。

パートナーのメンバーも、ビジョンを共有しプロジェクトの価値を感じたら、喜んでチームに貢献してくれることでしょう。現場のメンバーも、彼らのマネジャーもです。あなたと仕事をしたから、価値ある仕事ができた、またあなたと仕事をしたい、と思ってもらえたら嬉しいではありませんか。ビジョンはパートナーに対しても、強力なカレンシーになり得ます。

## ２　長期的な利益を示す

パートナーにとっての利益も、基本的には私たちにとっての利益と、それほど変わらないはずです。今期の売り上げ、来期につながるビジネス、長期的な発展、部下の育成など、あなたのプロジェクトであなたの期待に応えることが、彼らにとってカレンシーになるのだとはっきり伝えましょう。

ある国家レベルの大プロジェクトの現場を任されているＰＭにお話を伺いました。彼は今回のプロジェクトには、ある協力会社のメンバーの能力が欠かせないと思っていました。そこで、そのメンバーが将来にわたって自社に貢献してもらうことを見越して、彼をあるサブプロジェクトのリーダーに抜擢したのです。その際、協力会社の幹部に掛け合い、このメンバーに両社の間をつなぐ役割を担ってもらえれば、今後関係をより強化することができる、彼自身のマネジメント能力向上にも必ず役に立つ、さらに彼を社内外の関係者にも売り込めれば、協力会社のケーパビリティも高まる、と述べて、エース級の人材を二年間獲得することに成功しました。

あなたのプロジェクトに貢献することで、パートナーにとっての将来の売り上げ機会、組織能力の向上、部下の能力向上、などの可能性はないでしょうか。自分たちにとってチャンスであると思えば、彼らはより力を発揮してくれるでしょう。

### 3　敬意を示す

専門家には、心からの敬意を払いましょう。相手の話を真剣に聞く、依頼するときはこちらから出向くなどがカレンシーになります。パートナー側は、自分たちのほうがあなたの会社よりも下である、と考えているのが普通です。それだけに、当たり前のことを実践することで、協力関係は強固になります。

現実にはパートナーの能力に依存しているのですが、こちらはそれを認めたくありません。そして相手を軽んじるような態度や虚勢を張るなど防衛的な態度を示す人も、少なくないと感じます。しかし、そのようなことをすれば、損をしてしまうのはあなたかもしれないのです。

### ■占い師の仕返し

もうずいぶん以前、ずっと若かったころの話です。久しぶりに会った少年時代の友人と、故郷の町の近くで一杯やりました。ふたりともほろ酔いで歩いていたところ、駅前に手相を観る占い師がいたのです。それは珍しい、若い男性の占い師でした。彼らは暑い日でもいつも背広を着ています。その日も灰色の背広を着た、正直に言ってさえない男の占い師がシャッターの前に店を出していたのです。友人はおもしろがって、よし俺たちの将来を観てもらう、でもふたりだから値切っちゃおう、と言いました。私は何となく嫌な予感がしたのですが、その話に乗りました。いくらかの交渉の末、困った様子の占い師からかなり値切った記憶があります。そして私の悪い予感は的中し、私たちはふたりとも酔いがすっかり覚めてしまったのです。「あなたはもうすぐ仕事で失敗するでしょう。結婚したい相手には逃げられ、失意のうちに病に倒れ、しばらく入院することになるでしょう」。ふたりともそのような予測を告げられました。これはもちろん仕返しです。こちらが渡した負のカレンシーを、ちゃんと負のカレンシーで返してきたのです。

自分のために働いてくれる人を軽ろんじたり、嫌な思いをさせていると、知らない間に、この占い師と私たちの間で起こったような事態になっていることがあります。パートナー側はあからさまにこちらに打撃を与えてくることはないでしょうが、見えないところでどこか手抜きが起こってしまう可能性は否定できません。そう思うとこちらとしても監視を強めたくなり、余計なエネルギーを遣ってしまうことになります。

## 4　感謝を伝える

感謝を伝えるのは、敬意を伝えるのに似ています。カレンシーの交換で考えると、感謝を伝えるのは、「あなたからカレンシーをもらいましたよ」と言っているのと同じです。そのメッセージを、「ああ、私は役に立っている」と喜んでくれる人もいます。感謝されることで、やりがいを感じる人は少なくありません。

同時に多くの人が「もらっているということは、カレンシーを返す準備がある、と言っているんだな」と受け止めます。カレンシーを返したがっているとは、言い換えると誠意をもって返す意思のあることを示しているのと同じです。「感謝している、いつか恩返ししたい」です。そして、その誠意のある意思を示されると、また力を尽くしたくなるからおもしろいものです。紳士服店で「高嶋様、いつもご来店ありがとうございます。ぜひまたお越しください」などと見送られると、今日は何も買わなかったので次は買わなければ、と思ってしまいます。カレンシーの交換が、こうして続いていくのです。

さて、パートナーのマネジャーもメンバーも、PMの心からの感謝の言葉を聞くことがめったにありません。それゆえに、感謝の言葉は価値あるカレンシーになります。

## 5　ネットワークに招き入れる

親しい友人だけを連れて行く店に、仕事仲間を連れて行くことはありませんか。パートナーも、「彼が、今度一緒に仕事をしている、XYZ社の田中さん」などと言って、店主に紹介するのです。

自分のネットワークに誘うのは、自分の個人的な側面を開示することでもあり、人によってはカレンシーを感じます。

招き入れる先が仕事上のネットワークであれば、もっと多くの人が価値を感じるでしょう。パートナーのメンバーにとって、あなたの上司やスポンサーなどを紹介し、つながりをつくってあげるのです。組織の中で自由に動ける範囲が広がると仕事をしやすくなります。また将来、直接仕事を得られるかもしれません。そもそも、〝外注先〟を幹部に紹介することなどめったにありませんから、先方から見れば、自分たちは尊重されていると感じることでしょう。

## 6　その他のカレンシー

**情報開示**　社内情報をメンバーに開示すれば、彼らの力を引き出せるうえに、すばやい意思決定にもつなげられます。現代では、タイムリーな情報の有無で結果が大きく分かれる場合が多いことはご存じの通りです。もちろん、その情報によっては、扱い方をきちんと相手と確認しておくことも必要になります。

**ほめる**　ほめられるとノル人も少なくありません。ほめるとは、その人の能力や努力など、その人自身についての価値、有用性を高く承認しているわけですから、大きなカレンシーです。その人自身についてのカレンシーなので、インパクトがあります。なお、ほめるときは明確に根拠を示すことが重要です。口先でほめ言葉だけを並べるのでは、理由がわからなければ相手は馬鹿にされたと感じることもありますから、注意が必要です。

## 4　効果的な交換のために

パートナーのもつ能力を使ってプロジェクトを成功させるためにも、彼らに協働するチームとして参画させるのが課題です。パートナーのマネジャー、メンバーに何を求めるか、再度確認しましょう。

1　よい人材
2　プロジェクトへの献身
3　報告・連絡
4　変更への柔軟な対応
5　満足な取引

まずは、相手の立場を理解していることを示し、その上で交換をもちだします。何を求めるかストレートに伝え、こちらが用意するカレンシーを提示するのです。パートナーから見れば、あなたが信頼するに値する取引相手かどうかを知りたいところでしょう。その点で社内のメンバーより難しいかもしれません。

尊重するという意味では、先方に出向くのもいいと思います。来るはずがなかった人が来て驚いてくれます。ソフトウエア開発のＰＭに、オフショアリングで成功する秘訣を伺ったことがあります。その中に「こちらから一回は現地に出向くこと」がありました。

## ■こちらから出向いただけでミスがゼロに

私が社会に出てまだ二年目ぐらいのころ、毎年優秀セールス担当者の表彰式があり、私たち教育部門で運営していました。表彰状は印刷会社に委託していたのですが、毛筆で書き入れる受賞者の氏名に、毎年当日にミスが発覚して、手直しにてんやわんやというのがおきまりでした。その年、私は表彰状の準備を担当することになりました。どうしたら当日のミスをなくせるだろうかと考え、名簿を確認するプロセスなど見直しました。さらに、直前に「これから行く」と連絡してから先方に伺うことにしたのです。

出向いてみたところ、小さな窓のない部屋で中年の男女二名が名簿と照らし合わせながら、せっせと毛筆を滑らせていました。彼らは私が訪ねてきたことにいたく感激してくれました。発注元が訪ねてくることなどないらしいのです。こちらも感激しました。大手印刷会社に毛筆の職人がいるということ自体が驚きだったのです。それから、名簿のチェックを一緒にやって、ひとしきり仕事の話をしました。小一時間でしたが、楽しい時間でした。

一週間後、果たして数百枚の表彰状は一つの間違いもなく届けられ、表彰式はこれまでになくスムーズに運営されたのです。当日の朝まで彼らは何度も間違いがないかをチェックしてくれて、完璧な状態で納入してくれたのです。私が投じたカレンシーはそれほど大きくはなかったのですが、よい仕事をしてくれた結果、リターンは大きかったと思います。

## ■関わりながらこちらの要望を伝える

なるべく早くパートナーの事務所か現場にこちらから出向けば、先方は自分たちが尊重されていると感じる可能性が高いです。それだけ、こちらのプロジェクトに対する本気度合いを感じるでしょう。そして、このプロジェクトの意義やパートナーにとっての長期的な利益も説明し、彼らとビジョンを共有しましょう。その際に、彼らの考えるよいプロジェクトとは何かも理解するように努めるのが効果的です。自分の話を聴いてくれ、理解してくれる人の話は、誰でも聴きたくなるのです。同時に、ＰＭとしてあなたが彼らに望むことも説明します。特にチームワークを発揮してほしいこと、報告・

連絡を怠らないことを頼んでおきましょう。食事する機会があれば、一献傾けながら彼らの個人的な興味やキャリアの目標を伺えるとさらに効果があります。彼らの長期的な利益を考えやすくなります。パートナーを味方にできれば、プロジェクトの成功はぐっと引き寄せられます。

## 5　チェックリスト「ビジネスパートナーを動かす」

### ■目標・何を得たいのか

- □よい人材
- □プロジェクトへの献身
- □報告・連絡
- □変更への柔軟な対応
- □満足な取引

### ■パートナーの立場に立ってみると

- □有利な契約を交わしたい

□ 自社メンバーを擁護したい

□ 下に見られたくない（対等に扱ってほしい、敬意を示してほしい）

■ パートナーに渡すカレンシー

□ ビジョンを共有する

□ 長期的利益を示す

□ 敬意を示す

□ 感謝を伝える

□ その他のカレンシー

・ネットワークに招き入れる

・ほめる

・こちらから出向く

# 第4章　カレンシーで関係部門を動かす方法

受注案件であれ社内案件であれ、大規模な案件ほど、部門横断的に取り組まれます。多様な専門能力を必要としますし、全社に展開する場合もあるからと考えられます。それだけに、関係する部門のマネジャーをプロジェクトのプロセスに巻き込んで、チームの協力者として力を貸してもらいたいところです。

ところが現実には、思うようにはいきません。「事業部のマネジャーが協力してくれないんですよ」「営業部門は真剣に取り組まないいんです」「品質の問題は、現場では後回しにされてしまいます」といった悲痛な声を、ＰＭからよく聞きます。他部門のマネジャーは、なかなか思うようには動いてくれないようです。

関係部門のマネジャーが、あなたのプロジェクトにもっと力を貸してくれたら、プロジェクトはぐっと円滑に動くようになり、あなたの心の重荷もずっと軽くなるはずです。そのために、カレンシーを交換して彼らを動かす計画を立てていきましょう。

## 1　関係部門から何を得たいのか

ＰＭは、プロジェクトの各段階で、関係部門の利害関係者と関わりながらプロジェクトを進行しています。あなたは彼らから何を得たいのでしょうか。受注案件であれば、プロジェクトの成功に欠かせないリソース、例えば他部門にしかいない人材を必要としているかもしれません。他部門の人材が力を発揮して、はじめてプロジェクト成功の道筋が描けることもあります。社内のプロジェクトであれば他部門のメンバーがクライエントあるいはユーザーとなって、私たちが導入したサービスを利用し評価する立場になります。いずれにしても、多くのプロジェクトの成功は、他部門のマネジャーやメンバーの協力のいかんにかかっているといっていいでしょう。

関係部門の利害関係者から引き出したいのは、「計画への理解」「リソースの提供」「メンバーのケア」「導入への協力」でしょう。

### 1　計画への理解

関係各部門には、プロジェクトの重要性を理解していただく必要があります。会社の収益、成長、顧客満足、中長期計画などの側面で、このプロジェクトの意義がどこにあるのか、また、関係各部門にとって、このプロジェクトの成功は、どのような利益があるのかを伝え、理解してもらいます。これらは、プロジェクト計画の段階までには、ぜひともほしいカレンシーです。

それによって、プロジェクトの計画や遂行に、各部門からの支援を得やすくなります。あるシステム開発プロジェクトのＰＭは、研究開発部門の主なマネジャーに、受注した新たな案件について早いタイミングで説明するよう心がけている、と述べていました。あるプロジェクトがクライエントの事情で中断の後に再開されたとき、この努力が実を結びました。メンバーを再招集する際、彼らの上司たちが協力的で、チームを円滑に再起動させることができたのです。

プロジェクトのなるべく早い段階に、関係各部門の責任者の理解を得ておきましょう。

## 2　リソースの提供

### ■優れた人材の獲得

まず最初に他部門から引き出すカレンシーは、プロジェクトの目標達成に必要な人材を、必要な時間提供してもらうことです。

プロジェクトには社内各部門から部門横断的に人材が集まってきます。あなたが受注案件のＰＭであるのならば、ドリームチームを思い描いて「人的資源計画書」を書き、目標達成に必要な人材を社内各部門から探し出すことでしょう。プロジェクトの成功のため、必要な人材なのですから当然です。

ところが、みなさんご経験のように、あなたが必要と思う人材にかぎって、他のプロジェクトでも必要とされており、すでに手が一杯であったり、ときには彼らの上司が手放そうとしないものです。この点は、パートナー会社のメンバーを獲得する際（の困難）と共通する難しさがあります。

しかし、あなたのプロジェクトも会社にとって重要な案件なのです。ここで怯んではいけません。事実、優れたPMは、社内の人材をしっかり確保しています。あなたにもできるはずです。彼らが人材を得られているのは、多くの場合、他部門のマネジャーが、「この案件には力を貸そう」「彼女のプロジェクトには協力したい」「彼のためならなんとかしよう」と考えてくれるからだと考えます。カレンシーの交換で考えると、他部門のマネジャーはPMからカレンシーを受け取っていると感じており、今度は「私がカレンシーを返したい」状態になっているわけです

## ■必要なリソースを借りる

「人・物・金」のすべてにわたって、何がプロジェクトに必要なリソースかを把握し、調達計画を立てて確実に獲得し、実行に移すことが、プロジェクト成功の条件です。プロジェクトに必要なリソースは、すべてあなたが求めるべきカレンシーです。

プロジェクトによっては、他部門の予算を必要とすることもあります。たとえば、営業教育プログラムを開発するのに、担当する営業企画部門のプロジェクトマネジャーが、営業部門やマーケティン

グ部門の予算を集めてくるのを、ときどき見かけます。社内プロジェクトの場合、他部門と調整してプロジェクト予算をかき集めているマネジャーも多いのではないでしょうか。プロジェクトに必要な機材を他部門から借りてくることもあるでしょう。以前、自動車メーカーで商品教育プロジェクトに携わったとき、顧客サービス部門が管理する新型車を借りたことがありました。

まずはリソースの計画をきちんと立てることが大切です。そして、関係各部門から気持ちよくリソースを借りてくるには、それなりのカレンシーを用意しなければなりません。すると、あなたは将来にわたる協力を得られることにつながっていきます。

## ■情報提供を得る

他部門に求めたいリソースには、これまでの経験、ノウハウ、知恵もあります。あなたのプロジェクトを成功に導くための多くのヒントが、社内の経験の蓄積の中から見い出せるはずです。プロジェクトマネジメントでも、これまでの経験を必ず振り返るように求めています。

プロジェクトが社内案件であれば、他部門のマネジャーは顧客であり、メンバーはユーザーでもあります。顧客やユーザーからの情報提供が、しばしばプロジェクトの成功につながります。ある会社の情報システム部門のマネジャーは、この部門のマネジャーには珍しくフットワークの軽い男性でした。営業部門や製造部門に顔を出し、現場の問題についてざっくばらんに話し合っていました。この会社でＥＲＰを導入することになったとき、そのＰＭとなった彼は、日頃の情報収集が大いに役立ったと言っていました。

他部門のマネジャーには顧客としての、またメンバーにはユーザーとしての立場から、情報提供を求めていきましょう。

## ３　メンバーのケア

チームメンバーの上司には、彼らのケアを助けてもらいましょう。メンバーの業績評価は直属の上司がしますから、本来上司はメンバーの状況を把握しケアする立場にあります。メンバーが悩んでいるようなとき、思うように仕事ができていないときなど、上司に声をかけてもらい、悩みを聴いて、元気づけてあげてもらいたいものです。

短納期や再三の計画変更など、現代のプロジェクトでは、メンバーへのプレッシャーは大きく、しばしば過大なストレスにさらされています。あなた自身もＰＭとしてストレスの重みに耐えているのですから、すべてのメンバーには支援の手が回らなくなりがちです。そこは、プロジェクトと機能部門のマトリクス型組織の強みを活かして、メンバー直属の上司の助けを求めるのが一番です。あなたと上司が協力して助けてくれると思えば、メンバーも仕事しやすくなりますし、なにより心強く、安心するものです。

## ４　導入への協力

プロジェクトの成果物を実際に利用し、本来の目的を果たしていることを示してもらうのは、運用部門やユーザー部門に求めるべきカレンシーです。

プロジェクトが進行し終結に近づくと、私たちは次の仕事に気持ちを切り替えていくものです。でも、ここで油断はできません。仮にあなたのプロジェクトが社内案件で、その後定常業務として立ち上がったとしたら、あなたの評価はそれが無事導入され、現場で活用され、求められる結果が出たかどうかによって決まってきます。あなたは結果を出さなければならないのです。それは受注案件でも同様です。しかし、ＰＭが、結果が出るまできちんと見届けられない場合もありますから、運用部門やユーザーに、プロジェクトの成果物の活用による効果が上がるよう、努めていただくしかありません。

社内案件、受注案件だけでなく、新製品の開発プロジェクトでも同様です。プロジェクトが終結すれば、次の新製品に取りかかっているかもしれませんが、やはり開発した製品がビジネスとして成功するのを、製造部門、販売部門、顧客サービス部門に任せ、いい結果を出してもらいましょう。

# 各関係者から得るべきカレンシー

| 段　階 | 開　始 | Plan計画 | Do実行 | See統制 | 終　結 |
|---|---|---|---|---|---|
| スポンサー<br>（幹部） | 資源の提供<br>社内への<br>売り込み | お墨付き<br>憲章への記述<br>重要な決裁<br>権限の付与 | 励まし，感謝<br>ねぎらい | 重要な決裁<br>ネットワーク | 公正な評価 |
| 顧客 | 実施への合意 | 要求事項<br>関係者との接点<br>積極的な<br>情報提供 | 積極的な<br>情報提供 | 積極的な<br>情報提供<br>追加リソース<br>無理な変更<br>の回避 | ユーザーからの<br>フィードバック<br>あなたへの信頼 |
| 関係部門の<br>マネジャー | | 計画への理解<br>リソースの提供 | メンバーのケア | | 導入への協力 |
| ビジネス<br>パートナー | | 人材 | プロジェクト<br>への献身<br>報告，連絡 | 変更への<br>柔軟な対応 | 満足な取引 |
| チーム<br>メンバー | チームの<br>目標達成を約束 | チームの意思<br>決定への参画<br>プロセスと<br>方法の共有<br>率直に意見<br>を述べる | 計画どおり<br>の業務遂行<br>期待や懸念<br>の表明 | 報告、連絡、<br>相談、指導<br>の受容<br>変更への<br>柔軟な対応 | 達成感 |

## 2　関係部門の立場に立ってみると……

### 1　自部門の目標達成が第一

プロジェクトのメンバーとその上司は、当然のことですが、所属する各部門の基準によって、評価されています。また各々上司から相応の期待をされており、まず上司の期待に応えようとします。担当する業務の性質により、何に価値を置くかも異なります。それらによって、本人の行動は左右されます。

どの部門のメンバーも自部門の目標達成を第一に考えるものです。自部門の目標を脇に置いて、あなたのプロジェクトの目標達成を最優先にするとは考えられません。仮にあなたのプロジェクトが、会社の戦略計画の中で重要な位置づけにあったとしても、です。誰もがまず最初に自分の役割を果たさなければならないのです。ですから、あなたに協力しないからといって、他部門のマネジャーやメンバーを責められません。

むしろ、相手の目標が何かをつかめば、その目標達成を手助けする代わりに、あなたのプロジェクトに力を貸してもらうことが可能、と考えましょう。マーケティング部門の多くのブランドマネジャーにとって、最大の関心は担当するブランドの価値をいかに守り高めるかです。ある製品教育プログラムのプロジェクトマネジャーは、営業部門への教育によってブランド価値を高めることを訴え、ブランドマネジャーからいち早く新製品情報を得ていました。またある情報システム部のマネジャーは、販売活動支援システムの利用に乗り気でない営業部長に、販促リソースの再配分を早く決められる、柔軟な対応に役立つと説明し、システムを使わせることに成功しました。彼らは相手の置かれている立場を考え、各々の目標をつかみ、積極的なカレンシーの交換をしています。

では、各部門のマネジャーやメンバーの目標は何でしょうか？　一般的にはその部門に特有な目標とその職種に特有な、次のような目標をもっています。

**営業・販売部門**

業務上の目標：売上、粗利益、顧客の満足、新製品の販売比率

業務の性質：顧客第一、自由で独立的な活動

**研究開発部門**

業務上の目標：品質、納期、問題解決、新しい発見、高度な技術の開発

業務の性質：よりよいものへの執念、時間を惜しまない、挑戦を好む

**生産部門**

業務上の目標：製造量、期限、歩留まり

業務の性質：正確さ、安定感、地道さの重視

**財務経理部門**

業務上の目標：費用の削減、正確さ、先の見通し

業務の性質：予測可能性、低いリスク、数値化の重視

**人事総務部門**

業務上の目標：採用者数、研修の実施と参加者数、優れたサービスの提供

業務の性質：文句を言われないこと、合法性、管理

これらは一般的な例の一部です。もちろん、一人ひとりが異なる目標をもっていますから、直接本人と話をしてよく理解することが望ましいのは間違いありません。とはいえ、遠隔地の営業所や、オフショアリングの現場のように、頻繁に顔を合わせることなく仕事する場合は、彼らの置かれている状況を想像する手がかりになります。

また、部門を問わず、地位が高まれば組織全体の目標達成に関心が向かいます。そのため、上級幹部ほど、財務上の目標達成を優先課題と考える傾向があります。会社や部門経営の観点に影響が大きいからです。上級幹部と話すときは、売上を増やす、費用を削減するなどに触れる必要があるでしょう。部下の育成も部門を問わず上司の重要な役割です。どのマネジャーも、多かれ少なかれ部下の育成を、部門の目標に据えているものです。彼らの部下の育成がカレンシーになる可能性は高い、と言えます。

## 2　部下を困らせたくない

前章で、パートナーについて触れたのと共通する課題です。マネジャーは、部門の目標を達成する以外に、部下の育成や部下の管理に責任を負っています。特にプロジェクトがマトリクス型組織で進められるときは、ＰＭのもとで業務しているのに、所属部門のマネジャーが評価するという、メンバーにとって複雑で微妙な立場になります。マネジャーにとっては管理しにくい状況にあるのは間違いありません。

部下をプロジェクトの現場に送り込んでいる各部門のマネジャーに、育成や管理をどうしているのですか、と伺うと、管理も育成もほとんどしていない、という答えが多く返ってきます。期末の評価面接だけだ、と言うのです。その理由は、会う機会がないから、別の組織（プロジェクトを指す）で働いているから、だそうです。実質的には自分の管理下になく、何をやっているのかよく分からないし、ＰＭに遠慮しているようにも思えます。責任感が強いマネジャーだと、部下の育成が十分にできないことに後ろめたさを感じてもいるようです。

それゆえに、各部門のマネジャーにとって、部下がプロジェクトに参加するのは、時としてやっかいなことなのです。だから、あなたのプロジェクトにメンバーを出し渋っているのかもしれません。その点を理解する必要があります。

## 3　不利な約束を交わしたくない

どのマネジャーも、プロフェッショナルとして責任ある仕事をしたいと思っています。その反面、管理の限界を越えてしまうほど自分たちの責任が過度に大きくなることを望みません。たしかに私もこれまでにも過度な責任のもと倒れていった同僚を見てきました。登ったとたんに、梯子を外された同僚もいました。仕事の負荷が大きすぎれば、結果的にはよい仕事ができないと思うのは、私には正当な考え方に見えます。それゆえに、各部門のマネジャーは不利な約束じゃないかと警戒し、防衛的になります。

「それ、うちの仕事じゃないよね」

と言って、線を引こうとします。

外からは、「あの部は余裕あるよな」「ラクしてるよな」と思われることがあります。例えば、本社から見ると、地方の販売拠点や生産工場には、もっと業務を改善する余地があるように見えることがあります。逆に、地方の拠点からは、本社は汗を流していないと思えます。しかし、お互いの事情を把握していないのであれば、予断は避けましょう。客観的にはともかく、彼らが今の仕事で手一杯に感じるのは正当な反応だ、と受け入れたほうが手がかりは見つかるものです。

## 4 なぜ私ではないんだ

部下よりも私がこのプロジェクトにはふさわしい、と思っているマネジャーも中にはいます。会社の中核となるような、たとえば業務改革プロジェクトなどではまれに見かけます。嫉妬を会社にもちこむな、と言いたいところですが、愛憎入り乱れているのが現実の職場です。そこまでのケースは珍しいと思いますが、上司は部下より上でありたいと思っているのも事実です。また尊重されたいという欲求は、誰にでもあることを忘れてはいけません。

## 3　関係部門に渡すカレンシー

各部門のマネジャーとカレンシーを交換し、彼らをあなたの味方につけましょう。彼らの置かれている立場を考え、こちらからカレンシーを差し出します。ここでは、こちらが用意するカレンシーを検討したいと思います。

### 1　ビジョンを共有する

プロジェクトに協力することで、会社の戦略計画への間接的な貢献、これまでにない挑戦への支援、あるいは部下の成長などにつながると想像できれば、力が湧いてくるはずです。各部門のマネジャーにとって、あなたのプロジェクトに協力していることがカレンシーになり得ます。そのためには、あなたのプロジェクトのビジョンを語り、彼らと共有しなければなりません。

会社組織で見れば、あなたも各部門のマネジャーも互いにチームメンバーなのです。それぞれが異なる目標を抱えているとはいえ、共通する目標を共有できないわけはありません。ですから、私たちの仕事の意義や、価値が感じられるビジョンを共有するのです。すると、同じチームとしての一体感を、部門を越えて感じられるようになります。あなたのプロジェクトに協力すると、各部門のマネジャーにとってどのような価値があるのかを明確にして、彼らがイメージできるように示しましょう。そんなビジョンを共有でききワクワクする機会があること自体が、大きなカレンシーになり得るのです。

ビジョンを共有し、このプロジェクトで実績ができれば、次回は彼らのほうがあなたと仕事したい、と言ってくれるかもしれません。

## 2　相手部門の仕事ぶりを評価する

自分たちの日常業務の価値を認められると、誰でも嬉しいものです。社内に、努力を認め、評価してくれる同僚がいると思うと、勇気が湧いてきます。自分自身でも気づかなかった社内での貢献を指摘されたら、自信や誇りを感じます。ところが、一般的には、「日常業務が円滑なのはあなたの努力のおかげです」などと言ってくれる人は滅多にいません。それだけに、自部門の仕事ぶりを評価されたら、格別の価値を感じるのです。認められ評価されることは、大きなカレンシーになります。それは、あなたが協力してほしい各部門のマネジャーにとっても同様です。

ある管理部門のマネジャーは、各部の業務プロセスを積極的に学んでいたため、他部門の貢献をよく理解しており、貢献に対する感謝を各マネジャーに直接伝えていました。ときには誉めもしていました。彼は、社内で人気者でしたし、彼が部門横断チームのリーダーになると、チームはよい成果を上げていました。逆に他部門の成果に不満ばかり述べていたある販売部門のマネジャーは、経験も能力も十分であったにもかかわらず、社内の重要なプロジェクトから遠ざけられており、ますます不満を募らせることになってしまったと聞きました。

プロジェクトに関係する社内各部門の貢献を探しましょう。感心する、感謝するような他部門の仕事や仕事ぶりが見つかるはずです。見つかったら、あなたが気づいたことやあなたの気持ち、各部門の貢献をマネジャーに伝えるべきです。相手が気持ちよく仕事できれば、それだけであなたはいいことをしているんですから。

## 3　部門の目標達成を助ける

相手部門にとっての利益を示すと、カレンシーと感じられることが多いと思います。他部門のマネジャーが置かれている立場を把握したら、彼らの部門の目標達成を助けると申し出ましょう。

ある情報システム部門のＰＭは、新システムの導入を円滑に進める方法をあれこれ考えていました。彼は、部下全員を人事部主催の研修に参加させると約束して、人事課長からそのシステム導入の研修に協力を得られました。人事課長はちょうど研修参加者を増やす目標を立てていたのです。その後、システム導入研修も人事部主催にしたところ、P.Mはシステムの社内周知に成功し、人事課長は研修参加者を大幅に増やすことができました。

相手の目標達成を手助けする際には、「助けてやるから、こちらの言うことも聞け」という脅迫まがいの言い方にならないように、十分注意しましょう。そう感じられると、相手の気持ちは退いてしまいます。助けを求めるのはあくまでもこちら、と考えたほうがうまくいきます。

## 4　部下の育成を手助けする

マネジャーにとって、部下の育成は共通の課題です。しかし、なかなか手が回らないうえに、プロジェクトに参加させると直接指導する機会が減りがちです。部下の指導、育成を肩代わりするのは、大きなカレンシーになります。

厳しい仕事ぶりで社内では知られているあるメーカーのPMは、社内では「彼のプロジェクトに参加させると、部下が育つ」と言われていました。そんな彼のもとには、いつもいい人材が集まっていました。

「あなたの部下を厳しく鍛えます」と請け合うと、いい人材を獲得できるかもしれません。実際にあなたが彼らを育てられれば、他の面でも各マネジャーの協力を得られやすくなります。

## 5　相手の懐に飛び込む

生産や営業の現場では、本社のメンバーは現場を理解しないで、現実的でない施策を一方的に押しつけている、と思われていることがあります（これは第7章で後述する〝負のカレンシー〟の典型的なものです）。現場のマネジャーからは、本社という場所は権威の象徴に見え、あなたが本社のメンバーというだけで、厳しい視線を注ぎたくなることもあるでしょう。あなたが担当する、製品開発、システム導入、業務改善が現場では歓迎されない理由は、そんなことかもしれません。

そういった背景からか、現場のマネジャーにとって、本社のＰＭが自分からこちらの懐に飛び込んで来るのは、大きなカレンシーと感じられます。具体的には、こちらから先方を訪ねる、相手の話を聴く、相手の立場に理解を示す、頭を下げて助けを求める、などです。

自分の意見が聞き入れられたと思うと、一転して本社の施策を現実的だ、と言ってくれることすらあります。それだけに、相手の懐に飛び込むのは、現場との関係構築に効果的です。「あいつは現場をよく分かっている」と思われれば、今度は彼らがあなたの話を理解したくなるでしょう。

## 6　メンバーの仕事ぶりを知らせる

プロジェクトにメンバーを派遣してくれたマネジャーには、彼らの部下の仕事ぶりを知らせるのがよいでしょう。

マネジャーにとって、部下の仕事ぶりを知ることは部下の評価に役立ち、期末ごとに助かる情報です。また部下の育成に責任があればなおのこと、彼らの仕事ぶりは気になるはずです。あなたからの情報でマネジャーは助かります。

同時に、マネジャーの上司としての立場を尊重することにもなります。部下の仕事ぶりについて報告を受けるのは、上司の特権といえるからです。

## 4　効果的な交換のために

役割の異なる他部門の協力をとりつけ、必要な専門能力やリソース、支援をプロジェクトに投入してもらうことが、プロジェクトマネジャーとしての課題です。ここで、もう一度、具体的には何を得たいのか、確認しておきましょう。

1　計画への理解
2　リソース（人・もの・金、情報）の提供
3　メンバーのケア
4　導入への協力

## ■相手の部門の利益に注意

社内とはいえ、「これくらいは分かるだろう」「全社的な観点に立てば協力するのは当然だ」と思っていると、うまくいきません。先方も業務があり、目標があり、プレッシャーの中で仕事をしています。それぞれの部門に特有なものの見方や事情もあるでしょう。社内だからこそ、かえって相手に対する配慮が成否を分けると思います。それぞれの部門や職種の状況については、できるだけつかんでおきたいものです。部門によっては、特有の言葉遣いがあります。それらに気をつけながら、あなたが得たいもの、つまりカレンシーを求めることが重要です。

業務の性質を踏まえて、例えば、営業には部門の売上や収益の面からこのプロジェクトがどうであるか、研究・開発部門には研究している技術を試す機会になること、部員の能力向上の機会になることなど、相手部門の利益に結びつけて協力を求めるなどは、典型的です。最近では、費用削減が共通の課題になっている組織が多いので、プロジェクトが部門の費用削減につながることを示すのもいいでしょう。

その部門にとってのメリットを相手に分かる言い方で明確に示す一方、その部門の協力によってプロジェクトが成功すれば、全社（または社会的な）に価値がもたらされると指摘し、自分や自部門のためというより、より大きなものの価値のために協力を求めたいこと、頼りにしていることとはっきり伝えましょう。相手部門の存在価値を認め、敬意を払いつつ頼むことも、カレンシーとなります。

## ■各部門と交換した、あるPMの例

あるシニアマネジャーからお聞きした事例です。そのシニアマネジャーは、顧客の立場に立った粘り強い提案が実って大規模なシステム開発案件を受注しました。しかも、会社にとって、戦略上モデルになるような案件でした。そのため、彼はこのプロジェクトを通じて、顧客に最高のものを提供したいと決意しました。しかし、自部門のメンバーだけではとうていメンバーが足りません。

そこで、そのシニアマネジャーは、提案段階から、必要になると思われるメンバーの能力を詰めて定義し、名前まで割り出し、それをもって社内を走り回り、メンバーを探しました。複数の部門に優秀な人材の提供を名指しで申し入れていきました。営業、研究所、情報システム部門、開発部門など、人材候補がいる部門の責任者を訪問したのだそうです。その際、プロジェクトに参加させることの各々の部門にとっての利点を説明し、さらに、「全社的に戦略上重要な案件なので、会社のためにぜひ力をお貸しください」と頼みました。時には上長を伴い、また自分のネットワークを駆使して根回ししました。さらに、メンバー本人にはビジョンや成長の機会を熱く語って魅了し、公的ルートと本人ルートの二方向から働きかけ、協力を依頼しました。おかげで、メンバーにほしい人材全員をチームに入れることができました。

プロジェクトは顧客の事情もあって紆余曲折を経たのですが、チームは集中力を切らさずに仕事をし続け、成功させることができたそうです。

関係部門のマネジャーについては、同じ社内にいる同士であるため、外部のパートナー会社よりは情報を入手しやすいはずです。ぜひ、それら相手部門に関する情報は手に入れ、相手にとってどのような利益があるか、特有の課題は何かなどを把握したうえで、働きかけましょう。

## 5　チェックリスト「関係部門を動かす」

### ■ 目標・何を得たいのか

□ 計画への理解
□ リソース（人・物・金、情報）の提供
□ メンバーのケア
□ 導入への協力

### ■ 関係部門の立場に立ってみると

□ 自部門の目標達成が第一
□ 部下を困らせたくない

□ 不利な約束を交わしたくない

□ なぜ私ではないんだ

■ 関係部門に渡すカレンシー

□ ビジョンを共有する

□ 相手部門の仕事ぶりを評価する

□ 部門の目標達成を助ける

□ 部下の育成を手助けする

□ 相手の懐に飛び込む

□ メンバーの仕事ぶりを知らせる

# 第5章　カレンシーで顧客を動かす方法

ここで顧客とは、プロジェクトが生み出した製品やサービスを使う人と組織を指します。受注案件であれば、発注元が顧客です。その発注元にも、予算を決める、仕様を決める、情報収集をする、納入業者を選定する、利用する、といったいくつかの役割があり、複数で分担していることもあれば、一人ですべてを担っていることもあります。

たとえば、私の住んでいる街では、自治体が市庁舎の建て替えを検討しています。自治体では準備委員会を立ち上げ、複数の案をつくり、住民にも意見を募っています。問題が見つかれば、その解決には手を尽くすはずです。最終的に市議会が計画の予算を承認すれば、建設作業に入れます。そこに至るまで多くの人が関わっています。この場合の顧客には、関係部署の責任者だけでなく、少なくとも市長、市議会、市民、準備委員会が含まれています。

社内の案件でも、同様にいくつかの役割があり、たとえば、スポンサーが予算を決め、役員会で仕様が決まるなど、分担されているはずです。役割のうちのいくつかはあなた自身が担っています。さらに、その声を無視できない利用者も、社内にはいます。

そのような顧客をあなたの味方につけられたら、プロジェクトが円滑に進むだけでなく、大きなやりがいを感じることもできます。第5章では、カレンシーの交換で顧客を動かすことを検討しましょう。

# 1 顧客から何を得たいのか

## 1 実施への合意

受注案件であれ、社内案件であれ、まずはプロジェクトの実施に顧客から合意をもらわなければなりません。ＰＭは、案件の実施が合意されプロジェクトの開始が決まってから任命されることが多いと思いますが、なかには案件をＰＭ自身が提案する場合もあります。そのようなとき、プロジェクトの実施に合意を得るのは、あなたが顧客から受け取りたいカレンシーです。

案件の発注元によって、意思決定の方法は異なります。社長の同意が必要なのか、役員会で決めるのか、部長が決められるのか。案件の規模や性格によっても異なるでしょう。当然、大規模で戦略的に重要度が高いとなれば、より高次の意思決定が求められます。それが受注案件であれば、あなたが会っている担当者、プロジェクトの責任者以外のしかるべき意思決定権者が、先方の社内にいるはずです。担当者や責任者があなたの提案を気に入っても彼らだけでは決められず、最終的な意思決定権者に、たとえば、役員会のような場で説明しなければなりません。

できることなら、意思決定権者に直接お目にかかってお話したいところですが、いつも叶うとは限りません。そこで、担当者やプロジェクトの責任者が意思決定権者に説明したくなるような提案を、最低限用意する必要があります。あなたの提案に彼らそれぞれの目標達成につながるようなビジョンが描けていると、相手を動かせるカレンシーになります。

## ２　要求事項の明確化

多くのＰＭのみなさんが、上流工程を押さえられたらいいのに、と思っています。経営戦略からプロジェクトが計画され、要求事項が明確になったうえで現場におりてくれば、プロジェクトの範囲も明確に定義され、計画はスムーズに進むでしょう。要求事項の明確化は、私たちが求めるカレンシーです。

しかし、いつもその話題になるのは、現実にはその逆が多いからです。明確な要求事項はめったにおりてこないのです。その結果、後々顧客の変更要求に振り回されることが多々あります。

多くの場合、その理由は、顧客自身が戦略を明確にしていないことです。私自身の経験でも、担当者レベルはともかく、先方の責任者レベルでも、プロジェクトの本質的な目的をつかんでおらず、曖昧なまま合意を形成しようとしていることがあります。

それだけに、あなたが今会っている顧客が、プロジェクトの背景にある戦略的意図を理解し、要求事項をさらに明確にできるよう励ましていく必要があります

## 3　積極的な情報の共有

ＰＭであるあなたは、あなたの利害関係者の要求をいかに満たすかを考えていると思います。同様に、顧客側も顧客の利害関係者の要求を満たし、プロジェクトを成功させたいと考えています。顧客と情報を共有していれば、課題を達成するうえで、あなたの提案と計画はより的を射たものになります。情報提供は、求めるべきカレンシーです。

その後も、実行、統制の段階で、社内のできごとについて情報提供を受け続けていくと、顧客側の何らかの変化を早く察知できるという利点があります。情報システム開発に携わるあるＰＭは、社内で営業方針を変えようとしていると顧客から聞いていたために、直後に直面した大きな変更にも慌てずに対応できました。本人は「いつも情報が入ってくるとは限らないので、ラッキーだった」と言っていましたが、これは単なる偶然ではなく、このＰＭが顧客からの情報提供を求めてきた成果だと思います。

プロジェクトの各段階で、顧客から社内外の情報を共有してもらいましょう。こちらも顧客が意思決定しやすいような情報を提供する、誠実な態度で接するなどしていくのが、カレンシーになりえます。のちほど検討しましょう。

## ４　関係者との接点

ここで関係者とは、顧客に影響を及ぼす、顧客企業内の幹部、上司、現場の利用者、などです。要求事項を明確化するためにも、早い段階でできれば必要な関係者に会い、お話を伺えるとよいでしょう。あなたが直接会っている窓口となる顧客がよく知らない情報に触れられるかもしれません。これもあなたが求めるべき、カレンシーの一つであると考えます。

私は、人材開発のプロジェクトでは、必ず対象者とその上司に会わせてもらうようにしています。現場の現実を知りたいからです。顧客がプロジェクトを社内に売り込んでくれるのを、後押しするのに役立ちます。同時に、自分を売り込んでおけば後で仕事しやすいものです。実際、プロジェクトが始まったときに気軽に話せるのは、効率がよいだけでなく心理的にも楽になります。コンサルティング業界の大御所、大前研一氏も現場のマネジャーの話を聞きに行く、と書かれています。

また、関係者との接点をもてると、困ったときに相談することもできて大いに助かるので、できる限り社内に接点をもたせてもらいましょう。あなたがカレンシーの交換を怠らなければ、関係者に会わせてくれる可能性は高くなります。

## 5　追加のリソース

プロジェクトの途中で顧客からの要請によって変更をしたが、顧客側に費用を請求するのは難しい、と伺うことがあります。私の経験でも、顧客の要請によって作業が増えたとしても、追加費用を請求するのには、勇気が要ります。他にも苦労しているＰＭは少なくないでしょう。費用以外のリソースでも同様です。しかし、必要なときは求めなければならないカレンシーです。

やはり、必要なときは追加のリソースを請求することを、契約時に明示しておき、あらかじめ用意していただくのが望ましいところです。そのほうが、追加のリソースをずっと楽に依頼できます。

場合によっては、ここで追加費用を請求しないことで、顧客にとってのカレンシーになる、つまり貸しを作れるかもしれません。また日頃から、カレンシーを提供して貸しが大きい状態にしておくと、このようなときに、追加のリソースを相手に求めやすくなります。

## 6　無理な変更の回避

無理な変更は回避したいものです。計画は当初最善の選択肢を選んでいるので、変更しない方が顧客にとっても利益になることが多いはずです。

『影響力の法則』の著者、デビッド・ブラッドフォードは、「成功するプロジェクトマネジャーは安易に変更要求を受け入れない」と述べていました。プロジェクトの失敗の原因の一つに、顧客の変更に振り回されて、納期も予算もオーバーしてしまうことがあるそうです。日本でも同じようなことを聞きますが、米国でも同じようなことがあるのですね。

ブラッドフォード博士に、ではどうしたらいいのかと尋ねると、「顧客の立場に立って考え、変更しないことの利益を説明し、説得するとよい」と返ってきました。簡単ではありませんが、変更を避けられなかったとしても、こちらが相手の利益を真剣に考えていることは伝わります。どのようなカレンシーを提供して説得するかが、ここでのポイントです。

## 7　ユーザーからのフィードバック

利用者から得られる情報は、プロジェクト計画に役立つだけでなく、プロジェクト終結後も役立ちます。多くのプロジェクトの評価は、利用者の評価や意見、利用者の生産性の変化、財務的な変化で測定されるようになってきており、利用者からのよい評価は、あなたにとってこれまで以上に重要です。顧客の評価自体、利用者の評価に左右される場合があります。そうでなくても同僚がよい評価をしてくれるのは、顧客の満足度を高める要素と考えていいでしょう。また、顧客の顧客、たとえば、営業やその他の現場から「いい仕事をしている」と言われるのは大きな価値です。あなたを助けるだけでなく、顧客を助けることにもなりますから、ぜひともほしいカレンシーです。

同時に、利用者の意見から問題点も明らかになります。次の改善につながる貴重な情報を得られます。それは受注案件、社内の案件、いずれも同様です。多くの利用者は、「満足していますか?」と尋ねられ、自分たちの意見に真剣に耳を傾けられることに、カレンシーと感じます。真剣に聴けば、本音を話してくれるでしょう。

## 8 あなたへの信頼

突き詰めると、あなたへの信頼が、あなたが得るべき最大のカレンシーです。顧客から信頼されていれば、社内の関係者に会わせてもらえますし、ざっくばらんに話ができ、こちらの依頼や要請にも応えてもらいやすくなります。さらに、あなたを信頼している顧客は、あなたに仕事を任せてくれ、任されればこちらとしても仕事がしやすいものです。

信頼とは、相手から見ると、一貫性があること、裏切らないことです。カレンシーを渡すと、きちんと返ってくると期待できること、期待に応えると思えることです。

時間をかけて、顧客との信頼関係を築くことを、大きな目標としましょう。そうすれば、次の仕事もやりやすくなるのですから。カレンシーを渡し、受け取り、また返すことの繰り返しの結果が、信頼関係を築きます。

# 各関係者から得るべきカレンシー

| 段　階 | 開　始 | Plan計画 | Do実行 | See統制 | 終　結 |
| --- | --- | --- | --- | --- | --- |
| スポンサー（幹部） | 資源の提供<br>社内への<br>売り込み | お墨付き<br>憲章への記述<br>重要な決裁<br>権限の付与 | 励まし，感謝<br>ねぎらい | 重要な決裁<br>ネットワーク | 公正な評価 |
| 顧客 | 実施への合意 | 要求事項<br>関係者との接点<br>積極的な<br>情報提供 | 積極的な<br>情報提供 | 積極的な<br>情報提供<br>追加リソース<br>無理な変更<br>の回避 | ユーザーからの<br>フィードバック<br>あなたへの信頼 |
| 関係部門の<br>マネジャー | | 計画への理解<br>リソースの提供 | メンバーのケア | | 導入への協力 |
| ビジネス<br>パートナー | | 人材 | プロジェクト<br>への献身<br>報告，連絡 | 変更への<br>柔軟な対応 | 満足な取引 |
| チーム<br>メンバー | チームの<br>目標達成を約束 | チームの意思<br>決定への参画<br>プロセスと<br>方法の共有<br>率直に意見<br>を述べる | 計画どおり<br>の業務遂行<br>期待や懸念<br>の表明 | 報告、連絡、<br>相談、指導<br>の受容<br>変更への<br>柔軟な対応 | 達成感 |

以上のようなカレンシーを、顧客から引き出します。次に、相手にとって価値あるカレンシーと交換するために、まず顧客の置かれている立場を考えましょう。

## 2　顧客の立場に立ってみると……

あなた自身厳しいプレッシャーのもとで仕事しているように、顧客も難しい立場に立たされていることが少なくないと思います。挑戦的な目標をもたされ、上司からのプレッシャーにさらされ、よい結果がでないと責められているのではないでしょうか。さらに、家に帰れば家庭でも孤立しているかもしれません。将来への漠然とした不安を訴える方は、毎年増え続けていると感じます。

あなたが顧客の置かれている状況を理解し、顧客を助けられれば、顧客の真のパートナーになれるでしょう。あなたの上司よりも、営業担当者よりも、そして同業他社のＰＭよりも、顧客の難しい立場を理解できれば、顧客との信頼関係を作れます。

### 1　社内の自分の目標を達成したい

他の利害関係者同様、どんな顧客も、与えられた目標を達成したいと思っています。顧客の仕事上の目標は何でしょうか。ここで重要なことは、顧客があなたのプロジェクトに関係しない他の目標も抱えているということです。

今、まず達成しなければならないと顧客が考えている目標は何でしょうか。顧客の目標を知っていれば、顧客とカレンシーを交換できるチャンスが増えます。つまり、あなたと直接関係ない顧客の目標達成を手助けすることもカレンシーの範囲に入ってくるということです。

## 2 よい評価を得たい

顧客も社内でよい評価を得たいはずです。社内の評価がよければ、仕事がしやすいものです。会社では、業務上の目標達成の度合いによってのみ評価されるわけではなく、専門能力が高い、誠実だ、相手の立場をよく考えてくれるといったように、様々な要素で評価されます。顧客を評価する立場にいるのは、上司、同僚、利用者などです。

誰からどのような評価を得たいかによって、顧客の心理的な優先順位は異なってきます。利用現場からの評価を優先する人もいます。社内外の専門家に認められるのに価値を置く人もいます。もちろん上司がどう見ているか、気にする人は少なくありません。

すでに現役を退いた営業担当者から、これまで出会ってきたすべての顧客が社内外から高く評価されたがっていた、その手助けに力を注いできたと伺いました。その方は、自ら関わった様々なプロジェクトのなかで、顧客が評価され、成功していくのを見るのが最大の楽しみだったそうです。現役時代を通して顧客から信頼され、そのために仕事はしやすく楽しかったと話してくれました。

どうしたら顧客の社内での評価を高められるのか。カレンシーを交換するきっかけをつかめるかもしれません。考える価値はあります。

### 3　社内の期待に応えたい

よい評価につながるかどうかは別として、顧客自身に上司や同僚、顧客の期待に応えたいという思いがあるのも、ごく自然なことです。期待に応え、感謝されることに、仕事の喜びを見い出している方は大勢います。

期待に応えたいがために、しばしば関係者の言うことに振り回されている人もいるかもしれません。なかには、早く期待に応えたいと急ぐ気持ちを直接あなたにぶつける顧客もいて、不愉快な思いをすることもあるでしょう。しかし、これはカレンシーの交換にとってはヒントです。「今すぐに対応してください！」と怒鳴る顧客の本音は、「私が関係者の期待に応えられるよう、助けてください！」という叫びである場合が多いのです。

### 4　長い目で見て、よい仕事をしたい

誰でも多かれ少なかれ、成功したいと思っていることでしょう。いつかは自由に仕事を選びたい、お金を稼ぎたい、権限をもちたい、思い通りの仕事をしたい、人の役に立っていると認められたい、感謝されたい、顧客の多くもそう思っているはずです。

ところが、今は目の前の現実に追われていて思うようにならず、内心忸怩たる思いでいる場合もあるのではないでしょうか。こういった思いに理解を示されることは、うれしいものです。以前、あるサービス会社の幹部と話をしているとき、実は本当はやりたいことがあるのだが思うようにできていない、と打ち明けられたことがありました。そのことで話は弾んできて、この幹部がみるみる顔を輝かせたのを覚えています。社会的には地位が高い方でも今年度の目標達成に精一杯なんだな、と印象的でした。この日を境に、彼が私の話をよく聞いてくれるようになったのは言うまでもありません。

## 5　面倒や手間のかかることは避けたい

仕事のできる人には仕事が集中しています。それだけに顧客には時間がありません。社内の手間を減らすために外部に委託している、という人もいます。また、何かをやりたいのに、他のことで手をとられてできないようなときには、強い苛立ちを感じるものです。顧客の手を煩わせ、そのような苛立ちを感じさせるのは避けなければなりません。面談や雑談などでの表情、態度や言葉から、窓口となっている担当者や責任者の状況を観察して、顧客の面倒をできる限り減らすよう努めましょう。

逆に、彼らの面倒を減らせれば、カレンシーを交換する機会になります。顧客が何に手を煩わせているか、あなたは顧客をどのように楽にできるのか、考える価値は大いにあります。

## 3　顧客に渡すカレンシー

営業や顧客担当者は、顧客とカレンシーを交換する技能に長けています。顧客の要望や気持ちをくみ取って、顧客が仕事しやすいようにカレンシーを渡していきます。交換を通じて、自分を信頼に値する（人間だ）と売り込み、顧客から見て取引する心理的なコストを下げていくのです。そのような営業、顧客担当者は、自分と取引するのが顧客にとって得だと顧客に感じさせ、注文をもらっていると言えるでしょう。

私たちも、基本的にはそのような営業担当者、顧客担当者の方法を活用することができます。顧客にとって頼りになる相談相手になれば、顧客はあなたに早く情報を提供して相談してくれるようになりますし、無理を押しつけにくくもなるわけです。

### 1　顧客の目標達成に役立つと伝える

顧客が置かれた立場を考えれば、様々な目標を抱えているのが見えてきます。上司や同僚の期待に応えること、専門家としてのプライドを守ること、個人的なキャリアの目標もあるでしょう。あなたの提案は、顧客の目標達成にどう役立てられるでしょうか。

あなたが顧客に何かを提案するときは、あなたの提案が顧客の目標達成に役立つことを必ず説明し、顧客の目標達成に理解と支援の気持ちを示しましょう。

たとえば、何らかの変更があって、成果物の納期が遅れてしまいそうな場合を考えてみましょう。顧客は年度内の受領という目標を達成できなくなるかもしれません。上司や営業部門から責められる可能性もあります。これまで納期の遵守を重視してきた顧客にとって、納期遅れはあり得ない事態といえます。そこで、あなたはプロジェクトメンバーを増員し、納期に間に合わせる修正計画を提案するとします。その際に、増員すれば、年度内に成果物を受領できること、営業部門も満足することなどを顧客に説明すれば、顧客は心を動かされる可能性が高くなります。増員のための費用を支払ってもよいと考えるかもしれません。さらに、年度内に予定通り販売を開始させるとそれだけ売上が見込めるという計算を示せば、顧客は営業部門や上司を説得しやすくなり、提案を受け入れやすくなるでしょう。

そのためにも、あなたの提案が、顧客の目標達成にどのように役立つかを考え抜かなければなりません。あなたが顧客の立場で考えたことが顧客に伝わり、カレンシーと受け止められるでしょう。すると、仮に費用を支払えないなど他の理由で増員が認められなかったとしても、あなたの真摯な態度は理解され、他のよい解決策に合意を得られやすくなるはずです。

## 2　顧客の目標達成意欲を支持する

目標が何かを知っているのが望ましいですが、知らなくても、相手の立場を考え、反応を探っていきましょう。そして、顧客の目標達成を支援したいのだと繰り返し伝えると、顧客は「このＰＭはよくわかっている」と感じ、逆にあなたの話に耳を傾けるようになります。

業務システムの刷新プロジェクトを受注したＣ社のプロジェクトリーダーＳ氏は、顧客（情報システム部長）の目標が、運用工数と人員の削減、グローバル標準化への取り組みにあることを理解していました。顧客を交えたミーティングでは、毎回のように「工数と人員の削減を達成しましょう。この点については、私どもでも常に最優先で考えております」と言い、顧客の目標達成を支持していることを伝えました。すると、やがて顧客から最大限の協力が得られるようになったのです。プロジェクトの変更が少なかったばかりでなく、海外展開への相談も受けるようになったと、Ｓ氏は胸を張っていました。

ポイントは、目標を達成したいという顧客の気持ちや意欲を支持することです。どのように目標達成するか、という論理の展開だけではなく、顧客の意欲を支持することがカレンシーとして効くのです。

## 3　気がかりに応える

また、先方の担当者や責任者にとっての気がかりを把握し、きちんと応えておくことはカレンシーとして働きます。顧客から見ると、自分の立場を理解し配慮してくれたことに価値を感じ、次いで気がかりがなくなることに、価値を感じます。彼らの気がかりに応える内容を言葉や形にして伝えると、カレンシーとして受け取られることでしょう。たとえば、これまでの事例や実績、データなどです。

## 4　機敏に動く

上司や同僚の期待に応えたいと思っている顧客ほど、早く対応しなければと心が急ぐものです。そんな顧客を助けるのは、こちらの機敏な動きです。

同時に、機敏に動いていることを知らせるのも大事です。悪天候などで鉄道が止まったとき、多くの乗客は情報がないことに怒りを感じたと言っています。現実には鉄道会社は対応に奔走しているのですが、車中に閉じ込められた乗客には、鉄道会社が何もしないと感じられたのです。何が起こっているかを知らされないのは、顧客の不満につながります。

私たちも、機敏に動き、さらにはどう対応しているかを早く報告していく必要があります。先方からの連絡にはすぐ折り返す、依頼にはすぐに応えられなくても、確かに依頼を受け取ったことを示すように早めに途中経過を知らせる、納期が示されていてもそれよりも早く出す、などもカレンシーとして働きます。

## 5　社内への売り込みを手伝う

プロジェクトの成果を社内外の利害関係者に売り込むお手伝いも、カレンシーになります。主要な関係者対象に説明会を開く、ポスターや社内報の記事を用意する、プレゼンテーション資料を作る、導入後の研修などです。顧客の手が回らないところを、お手伝いしていきましょう。これらは、先方にもわかりやすいカレンシーです。

同時に、顧客自身を社内・部門内に売り込むこともできます。顧客の上司、現場のマネジャーなどの関係者に、顧客の努力、いかに仕事しやすかったかなどを伝えるのです。評判を高める、仕事ぶりを目に見えるようにする、などはこういったカレンシーの例です。受注案件であれば、成功事例として、あなたの会社のウェブサイト、専門誌の記事などに掲載するのも、いいと思います。間接的に、社内の評価を上げることができます。ただし、この場合、顧客に了解を得ること、そして社内の嫉妬を招かないような配慮も必要です。表現などを十分に注意しましょう。

## 6　報告を怠らない

顧客にとって、自分の目標が達成されることが最大の課題です。任せておけば大丈夫だ、とあなたを信頼していたとしても、その確証を得たいに違いありません。その一方で、あなたの心証を損ねてしまい、かえって悪い結果になるのは避けたいと思っており、中には進捗を報告させるのをためらう方もいるでしょう。

報告は、求められるより先にした方が価値があります。現場からの情報は、新しいほどよい意思決定につながるからです。また、自分が知りたいことを、先に言ってくれたら気が楽になるという効果もあります。報告は早いほど、価値あるカレンシーになるというわけです。

## ７　励ます

顧客を励ますのは、顧客にとって実はカレンシーになります。「必ず目標を達成します」「あなたはいい仕事をしています」「社内で喜ばれますよ」「私が社長なら心強く思います」「将来夢は叶います」など、顧客が元気になるメッセージで、励ましましょう。

誰でも自分を元気づけてくれる人と会いたいはずです。会えればお互いに理解が深まりますから、今度はあなたがカレンシーを受け取りやすくなります。

## 4　効果的な交換のために

こうして顧客にカレンシーを渡し、あなたは顧客から得たい合意、リソース、接点、情報などを、受け取ります。また受け取ったカレンシーにこちらもカレンシーで返していくことで、信頼関係は深まります。顧客から得たいカレンシーを、ここで再度確認しましょう。

1　実施への合意
2　要求事項の明確化
3　積極的な情報の共有
4　関係者との接点
5　追加のリソース
6　無理な変更の回避
7　ユーザーからのフィードバック
8　あなたへの信頼

必要であれば、「すぐにカレンシーをお返ししますから、まず私にカレンシーをください」とお願いした方がよいときもあります。前述したように、顧客自身が何を目指しているのか、実は不明確なままで仕事を依頼してくることは少なくありません。そういった場合は、こちらから何を得たいのかを尋ね、どのようなカレンシーの交換となれば双方にとってよい機会となるのかを示しましょう。その主導権をあなたがとることによって、カレンシーの交換が始まり、ビジネスが動き出すこともあります。そんなことを尋ねるのは不適切ではないかと感じられるかもしれませんが、実際には尋ねてもらって助かった、と感じることも多いのです。

## ■質問しながら情報を提供する

顧客に対する質問は、カレンシーを求めるときにも、逆にカレンシーを提供するときにも使えます。質問することによって、相手の目的、目標、問題認識などがはっきりするので、質問はとても重要です。一方、カレンシーを提供する場合は、相手を問い詰めるようにならないように気をつけたいものです。負のカレンシーになってしまうからです。できるだけ、相手が考えついた形になるよう、質問の仕方を工夫しましょう。例えば、「以前の経験から申しますと、○○を詰めておくと、御社でも後々社内の同意を得やすくなるかもしれません」などと、顧客にとっての利点をさりげなく提示するのは、一つの方法です。

## 5 チェックリスト「顧客を動かす」

■目標・何を得たいのか

□実施への合意

□要求事項の明確化

□積極的な情報提供

□関係者との接点

□追加のリソース

□無理な変更の回避

□ユーザーからのフィードバック

□あなたへの信頼

■顧客の立場に立ってみると

□社内の自分の目標を達成したい

□よい評価を得たい

□　社内の期待に応えたい
□　長い目で見て、よい仕事をしたい
□　面倒や手間のかかることは避けたい

■　**顧客に渡すカレンシー**

□　顧客の目標達成に役立つと伝える
□　顧客の目標達成意欲を支持する
□　気がかりに応える
□　機敏に動く
□　社内への売り込みを手伝う
□　報告を怠らない
□　励ます

# 第6章　カレンシーでスポンサーを動かす方法

ここでいうプロジェクトのスポンサーとは、プロジェクトの出資者、最終責任者などのことを指し、具体的にはPM直属の上司、他の管理者、経営幹部など、PMがプロジェクトに関して報告しなければならない上位者のことです。

PMのみなさんのお話を伺っていると、プロジェクトの成功のかなりの部分は、スポンサーの後ろ盾がどの程度あるかにかかっているなと感じます。たとえば、ある製品開発のPMは、事業本部長がコミットしてくれたおかげでプロモーションに多額の費用をつぎ込むことができ、後発ながら一定のブランド認知と市場占有率を得られるに至った、と話してくれました。通信システム開発のPMは、社運がかかるほどの重要なプロジェクトほど仕事しやすい、なぜならトップの後ろ盾が得られるからだ、と言っています。

端的に言えば、プロジェクトの現場で使えるカレンシーの多くを、PMはスポンサーから獲得してくる必要があるのです。プロジェクトとして承認されたからといって、PMは資源を思うように提供されるわけではないことを、みなさんはよく知っていると思います。そこでスポンサーへの働きかけが重要になるのです。人材、資金、その他成功に必要な資源を、スポンサーとのカレンシーの交換を通じて獲得できれば、プロジェクトを有利に進められます。優れたＰＭは、スポンサーと頻繁にカレンシーを交換し味方につけています。彼らはたいがい元気です。目が輝いていて、ストレスに追われているように見えません。お話を聞くと、みなさん仕事を楽しんでいます。

逆に、スポンサーの後押しがなければ、ＰＭは苦しい闘いを強いられます。そして実際には、多くのＰＭがスポンサーを全面的な味方にするまでには至っていないようです。

会社組織にいると、多くの人が「上司に影響を及ぼすなど不可能」と信じているようです。そうでなくても、「上役にこちらから声をかけるのはためらわれる」「上司に意見するのは立場をわきまえていないと思われるのではないか」「上司は話を聞いてくれる人ではない」などと多くのＰＭの方が口にします。確かに、スポンサーに働きかけ、味方につけるのは難しいかもしれません。その結果、多くのケースでは、ＰＭがはっきりと働きかけず、言うべきことを言わないか、声が小さくなってしまうのが多いようなのです。それではもったいない、と思います。

ＰＭはスポンサーから得られた資源を使って、現場でメンバーやパートナーとカレンシーを交換するのです。ですから、現場でいい仕事ができるＰＭは、スポンサーとのカレンシーの交換に力を注いでいます。カレンシーの交換によって、スポンサーから資源を引き出すのはＰＭの仕事です。黙っていても資源を得られると思ってはいけません。

本章での目的は、カレンシーの交換を通じてスポンサーから資源を引き出し、プロジェクトを成功に導けるようにすることです。「簡単ではないけれども、これならできるかもしれない」と感じていただけると、私はうれしいです。

## 1　スポンサーから何を得たいのか

スポンサーを動かして得たいカレンシーは、プロジェクトを運営する資源だけでなく、メンバーをやる気にさせたり、関係部門の協力を得るための、あらゆる資源です。それには、「人、物、金」はもちろんのこと、ＰＭとしての権限、組織のビジョン、現場に来て励ましてもらうことなど、様々なカレンシーが含まれます。

できることなら立ち上げの段階で、十分な資源を確保したいですね。「人・物・金」は、いくらあってもいいと思います。きれいなオフィスで有能なスタッフに囲まれ、プロジェクトに必要な機材は何でもそろっていると想像するだけで、やる気が出そうです。予算もふんだんに使えれば、チーム全体が盛り上がるでしょう。ＰＭとしてはそうしたいものです。

でも、現実にはそう簡単ではありません。ｉＰＳ細胞の山中伸弥教授ですら、二〇〇三年に科学技術研究機構から研究予算が付くまで、生命科学の研究にはわずかな研究費しか得られなかったと述べています。アメリカ留学から戻ったら、日本の研究環境が悪いので抑鬱症になったほどだと述懐されています（山中伸弥・益川敏英『「大発見」の思考法』文春新書　二〇一一）。その後、山中教授はｉＰＳ細胞の実用化のために奔走し、国や大学、製薬会社を動かし、学内に総勢二〇〇名あまりのｉＰＳ細胞研究所を設立しました。

どのようなプロジェクトも、プロジェクトマネジメントと集中的な投資が成功への条件です。予算計画、人的資源計画、調達計画を立て、厳しい状況の中でも十分な資源を獲得するよう、力を尽くしましょう。

## 2　社内への売り込み

スポンサーには、プロジェクトを社内に売り込んでいただき、トップに対してはもちろん、他部門の幹部、マネジャーに対しても、プロジェクトの存在感を示してほしいものです。それによって、資源の獲得が容易になるだけでなく、他部門の協力も得やすくなるからです。たとえば、人材開発関係のプロジェクトが成功するか否かも、人材開発部門の責任者が、プロジェクトの重要性を他部門の責任者にどれほど理解させたかどうかにかかっていると感じます。他部門が後押ししているプロジェクトでは、サービスを展開したときに、参加者の人数、動機付け、学習効果がぐっと高まります。ですから、私が組織開発や人材開発のプロジェクトに参加するときは、責任者が社内を動かすよう励まします。

スポンサーにとって優先順位が高いプロジェクトであれば、社内に売り込んでくれることでしょう。スポンサーの優先順位を理解し、同時にスポンサーには、あなたが考えるプロジェクトの価値を認識してもらいましょう。

## 3　お墨付きをもらう

スポンサーにプロジェクトの意義や価値を共有してもらい、お墨付きをもらうのは、ぜひともほしいカレンシーです。

プロジェクトにお墨付きがあるかどうかで、メンバーのやる気、資源の獲得などが、大きく左右されます。会社の命運を左右するような大プロジェクトであれば、黙っていても旗印は明らかとなり、メンバーのやる気も高まります。大規模プロジェクトのマネジャーが、小規模のプロジェクトよりもマネジメントが楽だと言うのは、この理由だと思います。だからといって、少ない予算で目立つことなく地道に進められている、ほとんどのプロジェクトには、会社や関係者にとって価値が少ないとは言えません。

「最近は小さい案件ばかりになったな」と嘆く声をしばしば聞きます。小規模、低予算、短納期のプロジェクトばかりでは、ご苦労が多いだろうと胸が痛みます。しかし、事実がどうであれ、ＰＭが自分たちのプロジェクトに価値を見い出せないということは、あってはならないのではないかと思います。リーダーが価値を感じないプロジェクトに、どうやってメンバーにやる気を出せというのでしょうか。自分で納得できないプロジェクトに漫然と取り組むことで、メンバーと自分自身の将来を危険にさらしていいとは思えません。

たとえ小さな案件であっても、それが会社にとって、顧客にとって、どんな価値があるのかを知れば、メンバーのやる気は俄然高まります。スポンサーと話し合ってまずあなた自身が納得し、プロジェクトにお墨付きをもらったら、メンバーや他の関係者にその価値を知らせることができます。また、スポンサーからメンバーに対して、プロジェクトの意義、経営戦略上の位置づけなどを、明確に示してもらえれば、メンバーの士気が高まるうえに、周囲の協力や資源の獲得が容易になります。

### プロジェクト憲章への記述

プロジェクトにもらったお墨付きを、プロジェクト憲章に何らかの形で反映させましょう。憲章はプロジェクトの憲法であり、ミッションステートメントです。難しい意思決定の際には必ず戻ってくるよりどころですから、プロジェクト憲章に心躍るようなプロジェクトの大義が書かれていれば、メンバーをやる気にさせられます。あるＰＭは、新組織を立ち上げるプロジェクト憲章を書いたときに感じた興奮を話してくれました。エネルギーが一つに集中するのを感じたそうです。文書に銘記されることの力は大きいと思います。

## ４　重要な決裁

プロジェクト憲章、プロジェクト計画、計画の変更など、重要な事項への決裁は、ＰＭにとっての大きなカレンシーです。スポンサーには決めるべきことを決めてほしいですよね。

ところが幹部の中にはなかなか意思決定しない人もいて、ＰＭを悩ませています。そして決まらないことのためにプロジェクトが止まってしまい、悪循環に陥ってしまいます。それは避けたいところです。実際、スポンサーから必要な決裁を必要なときに得られているＰＭは、楽に仕事を進められます。彼らは、決裁と交換するカレンシーを用意しているようです。

### 5　権限の付与

プロジェクトマネジメントの十分な権限を付与してもらいたいのは、当然のことです。すべてを任されれば、口出しされながら仕事するより、格段に生産性が上がります。お墨付きをもらう、プロジェクト憲章に記述するなども、ＰＭにプロジェクトを進めるうえで必要な権限を付与してもらうこととも言えます。スポンサーにはＰＭに現場を任せてほしいのです。金は出しても口を出さないが理想です。

そのためにも、あなたのリーダーシップ、専門能力、やる気、責任能力、そしてスポンサーの立場を理解していることを、スポンサーに認めさせなければいけません。そして、予算を執行する権限、メンバーを選ぶ権限、上位レベルの情報を獲得しましょう。

### 6　メンバーへの励まし、感謝、ねぎらい

多くのＰＭから、スポンサーに頼みたいこととしてよく伺うのは、実行段階での飲み会の会費や会食代を、会社で払ってほしいということです。これはスポンサーにメンバーへの感謝、ねぎらいを見える形で示してほしいという意味でもあります。それによって、スポンサーのプロジェクトに対する

本気の度合いが伝わるからです。

私の経験ですが、かつてあるアメリカ人の上司が、大きなプロジェクトでメンバーが夜遅くまで仕事していると、少し高級なサンドイッチの夜食を用意してくれたことがありました。オフィスは、その上司の小さな決定に湧きました。個人的にはそのサンドイッチそのものには特別な印象はなかったものの、本部長がメンバーに配慮する必要がある特別な仕事、と感じたことだけは覚えています。もちろん、メンバーの受け止め方は様々ですから、食事代を支払うことがどれほど効果的かはわかりません。しかし、会社がメンバーに気を配っているというメッセージは伝わり、多くのメンバーは励まされていると感じられます。これはメンバーにとって大きなカレンシーです。

もちろん、スポンサーに現場に来てもらって、励ましの言葉をかけてもらうのはたいへんに効果的です。幹部から、感謝やねぎらいなどの言葉をかけてもらえるのは大きなカレンシーになります。ぜひ、みなさんの現場に足を運んでもらいましょう。

## 7　ネットワーク

スポンサーの人的ネットワークを紹介してもらい、プロジェクトの推進に活かすことも考えたいところです。

会社の幹部、業界や学術界の専門家とのネットワークに接点をもてるのは、あなたにとって貴重な

# 各関係者から得るべきカレンシー

| 段　階 | 開　始 | Plan計画 | Do実行 | See統制 | 終　結 |
| --- | --- | --- | --- | --- | --- |
| スポンサー（幹部） | 資源の提供<br>社内への<br>売り込み | お墨付き<br>憲章への記述<br>重要な決裁<br>権限の付与 | 励まし，感謝<br>ねぎらい | 重要な決裁<br>ネットワーク | 公正な評価 |
| 顧客 | 実施への合意 | 要求事項<br>関係者との接点<br>積極的な<br>情報提供 | 積極的な<br>情報提供 | 積極的な<br>情報提供<br>追加リソース<br>無理な変更<br>の回避 | ユーザーからの<br>フィードバック<br>あなたへの信頼 |
| 関係部門の<br>マネジャー | | 計画への理解<br>リソースの提供 | メンバーのケア | | 導入への協力 |
| ビジネス<br>パートナー | | 人材 | プロジェクト<br>への献身<br>報告，連絡 | 変更への<br>柔軟な対応 | 満足な取引 |
| チーム<br>メンバー | チームの<br>目標達成を約束 | チームの意思<br>決定への参画<br>プロセスと<br>方法の共有<br>率直に意見<br>を述べる | 計画どおり<br>の業務遂行<br>期待や懸念<br>の表明 | 報告、連絡、<br>相談、指導<br>の受容<br>変更への<br>柔軟な対応 | 達成感 |

カレンシーになります。ネットワークはプロジェクトの目標達成に必要な情報源であるだけでなく、あなた自身のキャリア開発にもよい影響が期待できます。また新しいネットワークにメンバーを誘うことで、メンバーと交換するカレンシーにもなり得ます。

## 2 スポンサーの立場に立ってみると……

会社の幹部や上司の立場に立って考えてみるのが、得意ではない人が多いようです。多くの場合は、そのような立場に立ったことがないからというのが、理由ではないでしょうか。確かに、経験したことがない立場を理解するのは簡単ではありません。親になるまで親の気持ちがわからなかった、とはよく言いますし、管理職になって、はじめてかつての上司の気持ちがわかったと言う人もいます。経験しないとわからないということでしょう。しかし、「だからわからない」「できない」で済ますわけにはいかないのです。

それだけに、スポンサーの立場は想像力の発揮が問われます。実際、相手の立場を思い遣り、推察することはできます。スポンサーの置かれている状況を、評価の基準、上司の期待など、いくつかの観点で探ってみましょう。

### 1 評価の基準、上司の期待を満たしたい

スポンサーは大きな責任を抱え、責任を果たすのに追われています。スポンサーにも上司がいて、あれこれ要求しているはずです。そのためにスポンサーはあなたとは関係のない他の重要な案件を抱

えているのが普通です。上司だけでなく、同僚や部下、顧客や納入業者など、多くの関係者に対する責任を果たさなければなりません。

そのような難しい立場を理解してくれる部下と、一方的に自分の要求をするだけの部下の、どちらの話に耳を傾けるでしょうか。答えははっきりしていると思います。スポンサーが何で評価されているか、上司に何を期待されているかに関心を払いましょう。

## 2 今年の目標を達成しなければならない

あなたと同じように、スポンサーも今年の目標を達成しなければなりません。多くの目標を抱え、過重な負担がかかっているものです。スポンサーの上司や、同僚の圧力は強く、大きなストレスを感じている可能性があります。売上拡大、利益率改善、経費の削減、新規顧客の獲得、新製品の市場投入、後継者の育成、などなど。毎週のように社長に報告しなければならず、胃が痛い思いでいる幹部もいます。

そんな状況なのに、あなたがあれこれ要求することを想像してみてください。あなたの話を聞きたいと思っても、忙しくて聞いている時間がないかもしれないではありませんか。そのために、「あなたに任せたのだから、あとは自分で問題を解決してくれ」と言いたくなるのです。また、あなたの要求を聞いた結果、「それでは収益率が下がり目標達成できなくなるのではないか」などと考えるかもしれません。それで意思決定や決裁が遅れている可能性もあります。

スポンサーが達成しなければならない今年の目標は何かを、ほとんどのＰＭは知りません。しかし、今年の目標、特に重点的な目標を知っていれば、スポンサーの目標達成を助けるカレンシーを渡せます。その結果、あなたが得たい大きなカレンシーを獲得できる、つまりスポンサーに対する影響力が高まるのです。

## 3　長期目標を達成したい

経営幹部としては、今年の目標だけではなく中長期的な目標の達成にも追われます。社長は、株主に対して今年の業績だけでなく、長期的な株主利益を約束しており、社長の説明責任は以前よりも重くなってきています。その社長が会社に戻ってくれば、幹部にプレッシャーをかけるのは自然なことで、幹部が部下に過大な要請をするのも当然といえます。

ところが、会社の幹部、マネジャーも、みなさん同様に、今年の目標、目前の課題の達成に精一杯で、中長期の課題が後手後手になりがちです。そして、後回しになっていることで社長に叱咤されることもあり、内心忸怩たる思いでいる幹部は少なくないと思われます。あなたのスポンサーも〝やらなければならないのに手が回らない〟ことを抱えているかもしれません。ここに、ＰＭがスポンサーに影響を及ぼす機会があります。あなたがスポンサーの中長期の課題達成の力になれば、あなたの求めるカレンシーと交換できるでしょう。

## 4　幹部という役割の性質
## リーダーシップを発揮したい

マネジャーの立場にいるのであれば、誰であっても社内外に影響力を及ぼしたいと考えています。よい仕事をしようと思ったら、部下や周囲が動いてくれなければなりません。マネジャーの仕事は、組織を動かして役割、使命を果たすことなのです。それだったら、会社の経営幹部であれば組織を動かせるではないか、と思うかもしれませんが、現実は必ずしもそう簡単ではありません。

組織では上位者に権限と意思決定と遂行の責任がありますから、経営幹部には、もちろん必要なときに部下を動かせる権限があります。しかし、部下側が上司の決定に納得していなかったら、最初は上司に表面的に従ったとしても、徐々に嫌々仕事するようになるでしょう。やがて部下は、上司の思ったような働きをしなくなり、場合によっては上司が権限を行使できないようにすることさえあります。たとえば、上司よりも上位の幹部に直訴する、上司の悪い噂を流す、仕事で手を抜くなどです。実際、外部からヘッドハントされた若い社長の組織改革に反発して、あの手この手で経営の執行を妨害する古参社員を見たことがあります。つまり、リーダーとはいえ、必ずしも部下を動かすのは容易でないのです。

加えて、個人的な状況があります。幹部の間では、主導権争いがあるかもしれません。身内から足下をすくわれる可能性があるわけです。

あなたのプロジェクトのスポンサーも、部下を動かすのに苦労している可能性があります。他部門が協力せず、困っているかもしれません。「部下はよく働いてくれている」と思っているスポンサーであっても、驚くほど高い目標を課せられる昨今、思うように部下を動かせず悩んでいる可能性があります。この問題を解消するカレンシーを提供すれば、あなたにとってよい交換ができる可能性が高まります。

## やはりリスクを避けたい

厳しい状況で、幹部にとって最大のリスクは目標を達成できないこと、言い換えると約束を守れないことです。上司や同僚だけでなく部下からも責められて、その地位の維持が危機にさらされることすらあります。ですから、上司の中には部下に厳しいのに、自分に甘くなってしまう人がいるのかもしれません。上司の立場からすると、本当にそれが自分の目標達成に役立ち、部下たちがやる気を出して最後まで力を発揮してくれると確信できなければ、なかなか重要な意思決定を下せず、決裁が遅れてしまうのは不思議ではないと思います。

そのような微妙な立場を理解していれば、あなたがスポンサーとカレンシーを交換する機会はぐっと増えるはずです。

### 5　幹部として信頼されたい

スポンサーの社内での立場はいかがですか。有利な立場にあればよいのですが、いつもよいとは限りません。また社内での立場は、先述の目標達成やリーダーシップとも関係します。目標を達成できていれば立場はよく、立場がよければリーダーシップもより発揮できているでしょう。スポンサーが社長に認められること、同僚に認められることは重要です。

スポンサーは部下や同僚から信頼されたいはずです。トップにも物を言えて、約束を果たすリーダーと認識されていれば、社内での仕事はずっとやりやすくなるのです。スポンサーの立場をよくすることを考えましょう。スポンサーの立場がよくなると、スポンサーが資源を獲得しやすくなるばかりでなく、あなた自身がスポンサーからカレンシーを受け取るチャンスを得られる可能性が高まるのです。

## 3　スポンサーに渡すカレンシー

スポンサーと交換するカレンシーを用意しましょう。繰り返しになりますが、そのねらいは、スポンサーからプロジェクトの資源、その他のカレンシーを引き出すことです。ＰＭがスポンサーを助け、スポンサーの味方になっていると理解してもらえれば、プロジェクトに対する強力な支援を得られます。ときには思い切ったカレンシーを使わなければならないかもしれません。でも、投資しただけの結果は得られるものと考えましょう。

## １　目標達成を約束する

あなた自身の目標達成、すなわちプロジェクトの成功を、スポンサーに約束しましょう。「市場の変化が激しくて、このプロジェクトが成功するかどうか、読めません」などと、自信がなくても言ってはなりません。スポンサーを不安がらせる言動は、お互いにとって何の利益もありません。任命された以上、必ず成功すると決意を述べましょう。

ただし、この約束は、必要な資源が得られる条件で交わすことを目指します。「プロジェクトの成功をお約束します。もちろん全力を尽くします。そこで、成功に必要な資源についてご相談させてください」という姿勢で臨むのが原則です。以前、ある製薬メーカーの新製品導入プロジェクトのマネジャーから、次のような話を聞きました。新製品の導入で支店の協力が思うように得られず、苦労していたときのこと。思い切って営業本部長に、プロジェクトが思うに任せず申し訳ないと謝り、必ずスケジュール通りにやり遂げる、だから計画を変更させてください、そのための予算もください、と談判したところ、目標を達成するならよい、と協力してもらったのだそうです。結果はうまくいったと聞きました。今、進捗が芳しくなくても、達成を約束することで、必要な追加のリソースを引き出す可能性もあるのです。

## 2 スポンサーの目標達成を請け合う

あなたのプロジェクトの目標達成は、スポンサーの目標達成にもつながります。それに加えて、スポンサーはより戦略的、さらに高次元の目標を抱えているものです。そして、社長をはじめとする経営幹部から、達成へのプレッシャーを受けています。そのような立場に置かれているスポンサーの目標達成を、あなたが助けると請け合うのが、このカレンシーです。

具体的には、組織全体の目標達成に関心をもち、関心があるとスポンサーに伝え、実際にその目標達成のために動くことです。これは、ＰＭがメンバーに求めたことを、今度はスポンサーに対して行うものです。スポンサーの目標達成を助けることは、大きなカレンシーになると期待できます。

ビジネス・バリュー・クリエイションズの山本康博さんは、飲料業界では屈指のプロダクトマネジャーでした。山本さんがマーケティングマネジャーとして転職した会社は、当時新しい市場に進出しようとしており、山本さんはこの事業を必ず成功させたいと決意しました。そして、すでに進んでいた計画を凌駕する別の計画を策定します。このプロジェクトの最終的なスポンサーが事業本部長

（常務）であると知った彼は、事業本部長が達成しなければならない五カ年計画を達成するプランを立てます。そのプランの中で欠かせないのが、山本さんが計画する新飲料です。「五カ年計画は私に任せてください。そのためにも私が企画する製品を市場に投入しましょう。」具体的に何年に何ケース売り、どれだけの売上を達成するか、といったストーリーを説明すると、事業本部長は山本さんの計画を大いに気に入り、開発の許可を得ることができました。その後、市場調査の結果、既存の計画は覆され、彼のプラン通りに新製品が市場に投入されたのです。

経営幹部も、事業目標の達成を助けてくれる部下がいたら、その部下の話には必ず耳を傾けます。難しい決裁もすんなりとできてしまうはずです。

## 3　スポンサーのよい評判を伝える

スポンサーの社内外での影響力が高まれば、あなた自身が仕事しやすくなります。スポンサーについて社内でよい評判が流れるように心がけましょう。

スポンサーの影響力が低いとしたら、それは多くの場合、スポンサーが否定的なカレンシーを社内に配ってきた過去の経緯が原因です。ＰＭの口から聞くのは「ウチの本部長は変わり者だから」「所長はみんなに煙たがられている」といった言葉です。たぶん、本当なのでしょう。しかし、こう言っている限り、スポンサーとともにあなたの力も高まりません。

仮に、社内の他の幹部があなたのスポンサーを悪く言っても、同調してはいけません。「変わり者と言われていますが、壮大なビジョンがあります。私も一緒に仕事をしてみて驚きました。すばらしいリーダーです。それだけでなく、戦略の遂行に忠実なマネジメントだと思っています。私は、彼の成功を手助けしたいのです」といった具合に、肯定的な面を強調して訴えます。スポンサーのいいところを見つけて、社内に売り込みましょう。

このようなあなたの態度が、社内の空気に影響を与えます。「こんな忠実な部下がいるなんて、あの人（スポンサー）は本物かもしれない」。さらには、「彼（彼女）は上司に忠実な人間だ。」とあなた自身の株が上がる副次効果も期待できます。もちろん、スポンサーは、あなたを欠くことのできないパートナーと思うでしょう。

上司のよい評判を語るのに照れてしまったとしても、繰り返しますが、上司の悪口に同調してはいけません。

## 4　最善のためにリスクを冒す

会社の幹部は、いろいろな意味でリスクを冒してきたから、幹部でいるのです。自分の時間を会社に捧げてきたり、家族を犠牲にしたり、はからずも同期の仲間を足蹴にしたり、そしてなにより、会社の事業に賭けてきたのです。経営幹部には、リスクを冒したから今の自分がある、と考えている人が多いと感じます。そのため、彼らはリスクを冒す部下を好み、自分とともに火の海に飛び込んでくれそうな勢いのあるメンバーを信頼します。

あなたがプロジェクト成功のためにリスクを冒せば、その行為自体がスポンサーにとっては大きなカレンシーと感じられるはずです。たとえば、設定されている以上に高い目標に挑戦すると宣言する、もっと売れる方法を提案し自ら取り組むなどです。前述のビジネス・バリュー・クリエイションズの山本さんのケースも、最善のためにリスクを冒していると言えます。スポンサーは、そういう部下に協力したくなります。

プロジェクト成功のために、困難であってもあなたが最善と思う選択肢に挑戦しましょう。

## 5　感謝を伝える

スポンサーの日頃の支援のおかげで、プロジェクトが進んでいること、メンバーのモチベーションが高いこと、自分もプロジェクトマネジメントを楽しんでいることを思い、感謝し、スポンサーに伝えましょう。

感謝を伝えるのは、相手に敬意を伝えることでもあります。相手を立てるメッセージなのです。そう感じたスポンサーは、「よし、話を聞いてやろうか」と思うものです。一方、相手には、あなたがカレンシーを受け取った、だから感謝している、何かを返すはず、つまり「私はよい仕事をします」

とも伝わります。これを忠誠と呼ぶのかもしれません。

有能な人ほど、自分の力でやった、と言いたくなるようです。しかし、上司は部下のそのような態度を好みません。自分に感謝を示さないから、というより、自分の能力ばかりを強調するのは社会的に不適切だと感じるからだと思います。実際に、それによって、スポンサーとの関係がうまくいかないPMも少なからずいます。

## 6　情報提供を怠らない

会社の上層部にいると、おそらくあなたが想像する以上に、現場の情報が入ってこなくなります。経営幹部は、より会社全体、高次の意思決定を求められ、現場レベルの情報で判断する機会が少なくなります。また、他の幹部や秘書たちが、彼らを煩わせないようにと気を遣って、提供する情報を選択しているのかもしれません。管理職研修の席を、まれに社長が訪ねてくださいます。ある大会社の管理職研修では、秘書や他の幹部十名あまりが社長に同行して、さながら国賓を守る警護係のようでした。研修参加者は、社長は遠くにいる雲の上の人だと感じたことでしょう。しかし、その社長ご自身は、社長室の扉はいつでも開いている、いつでも訪ねてくれ、と参加者に訴えていました。私は本音だと思います。

意思決定する場にいると、よりよい決定に必要な情報をつかんでいたいと思うものです。ところが、現実にはしばしば周囲にとって都合のよい情報しか、耳に入ってこなくなるのです。敏感な幹部であれば、情報が入ってこないと気づいており、問題だと感じているものです。生きた情報がほしいからです。あなたが知らせる現場の情報は、必ず歓迎されます。

情報が入らない原因の一つには、幹部側の問題もあります。自分が聞きたくない悪い話が来ると、いやがる幹部がいるのです。あなたのスポンサーもそういう態度を示すかもしれません。「そんな話を私が聞きたいと思っているのか！」と怒る幹部もいます。そんなことを繰り返されると、たいがいの人は報告をためらうようになり、問題を拡大させてしまうことすらあります。

そこで、スポンサーの目標達成に関わる情報や意思決定を助ける情報を選択する必要があります。あなたが届けたい情報が、スポンサーの目標達成に役立つことを伝えましょう。そして、あなたがほしい必要なカレンシーを、スポンサーにはっきりと要請することです。

## 7　スポンサーのカウンセラーになる

スポンサーが目標達成のプレッシャーにさらされているとしたら、共感してくれるだけでカレンシーと感じる可能性があります。スポンサーのカウンセラー役になりましょう。あるメーカーの品質管理プロジェクトのマネジャーは、幹部の苦労に共感を示すと、彼らの態度が好意的になるので驚いた、と述べていました。同様の話をしばしば聞きます。

スポンサーが悩んでいたり、困っているときは、スポンサーとの協力関係をよくする機会と考えてはどうでしょうか。いらいらをぶつけてくるのは、むしろチャンスです。まず自分がスポンサーがいらだっている原因ではないことを確認します。もし、自分の仕事ぶりに困っているのであれば、まず謝り、どうしたら良くなるのかアドバイスを求めるのがよいと思います。自分が問題の原因でなければ、何にいらいらするのか、悩んでいるのかを想像しながら、よく話を聴き、共感を示しましょう。ポイントは何を問題と考えているかを、じっくり聞くことです。そして、どうしたらスポンサーの問題解決に自分が役立てられるかに、思いを巡らすのです。

会社で高い地位に就いていても、同じ人間なのです。スポンサーの心情を傾聴し、心から共感しましょう。

## 8　スポンサーの手が回らない仕事を引き受ける

なかなか手が回らない仕事を手伝うのは、価値あるカレンシーになります。これまで見てきたように、スポンサーは経営レベルの判断などで忙しいからです。たとえば、スポンサーがプロジェクトに関してメッセージを発するときに、その原稿を書くのはどうでしょうか。あるＰＭは、スポンサーに役員会で話してもらいたいことは自分で文章を書いており、スポンサーの社内での評判は上々でした。

他にも、スポンサーが社内外のコミュニケーションをとる手助けは、歓迎されるものの一つだと思います。

## ９　スポンサーが好むように振る舞う

変化の早い現在のビジネスでは、素早い対応は信頼されるための条件になっています。翌日回答では信頼を失うかもしれません。一方、スポンサーの中には、結果だけを聞きたがる人や、細かいデータを好む人がいます。他の幹部が何と言っているかを気にする人もいます。データも含めた裏付けが必要なときもあります。他社がとらない方法を好む場合もあります。スポンサーが何を好むか、今、何を必要としているかをつかみ、素直に答えていくのがカレンシーになり得ます。

上役の好みに合わせるのは信条に合わない、と思う人もいるでしょうが、それでプロジェクトが動くのであれば、むしろ自分のこだわりを捨てた方が勝ちと思います。そうして、同僚から上司にいい顔をすると誤解されても、上司が快適に感じるように配慮してプロジェクトを成功させる方が、役割を全うしていると言えます。そうして成功したＰＭを、私は何人も知っていますが、彼らはみんな仕事を楽しんでいます。

## 4　効果的な交換のために

スポンサーとカレンシーを交換し、あなたが仕事をしやすい状況をつくるのが、共通の課題です。あなたにとって必要な資源は何でしょうか。スポンサーに何を求めるのか、再度確認しましょう。

1　資源の提供
2　社内への売り込み
3　お墨付きをもらう
4　重要な決裁
5　権限の付与
6　メンバーへの励まし、感謝、ねぎらい
7　ネットワーク

### スポンサーがやってくれるべき、とは考えない

プロジェクトに必要な資源はスポンサーがＰＭに与えるべきもの、と考えられています。私もそう

思います。しかし、これまでに見てきたように、現実にはスポンサーもすべての条件を整えてくれるわけではありません。スポンサーに対して、「もらって当然」という態度をとるのは慎むべきです。上司といえども完璧な人間ではあり得ません。そこはお互い様と考え、プロジェクトの成功のために協力していくのが、肝要です。

## スポンサーのパートナーを目指す

成功しているＰＭは、スポンサーが経営幹部であったとしても怯むことがありません。同時に、軽く扱うこともありません。また、好き嫌いや過去の経緯に左右されることもありません。ともにプロジェクトの目標達成のために手を取り合うパートナーと考えています。パートナーが十分にできないことは、あなたが助ければいいのです。代わりにあなたも助けを求められます。

パートナーは言われる前に動きます。相手の考えを理解しているからです。自分のことを分かっている、と感じる相手は、信頼し任せられます。常にスポンサーに先んじるよう努力しましょう。

そのためにも、スポンサーが置かれている状況を把握するのは大切です。そして積極的にカレンシーを交換していけば、プロジェクトのための資源を獲得することができ、あなた自身のリーダーシップが強化されていくのです。あなたが先にカレンシーを渡すよう、心に留めてください。

## 5 チェックリスト「スポンサーを動かす」

■目標・何を得たいのか

□資源の提供

□社内への売り込み

□お墨付きをもらう

□重要な決裁

□権限の付与

□メンバーへの励まし、感謝、ねぎらい

□ネットワーク

■スポンンサーの立場にたってみると

□評価の基準、上司の期待を満たしたい

□今年の目標を達成しなければならない

□長期目標を達成したい

第6章　カレンシーでスポンサーを動かす方法

□ 幹部という役割の性質
□ 幹部として信頼されたい

■ スポンサーに渡すカレンシー
□ 目標達成を約束する
□ スポンサーの目標達成を請け合う
□ スポンサーのよい評判を伝える
□ 最善のためにリスクを冒す
□ 感謝を伝える
□ 情報提供を怠らない
□ スポンサーのカウンセラーになる
□ スポンサーの手が回らない仕事を部分的に引き受ける
□ スポンサーが好むように振る舞う

# 第7章　思わぬ落とし穴に落ちないために

## カレンシーの交換の効用

これまでに、チームメンバーと各利害関係者を、カレンシーの交換で動かす検討をしてきました。

1　相手を動かして得たいカレンシーを明確にし、
2　相手の立場に立ってみると、状況はどう見えるかを検討し
3　カレンシーの交換計画を立てます。

この3ステップで、プロジェクトの利害関係者を動かし、あなたの味方につけるのです。

あるソフトウエア開発のPMは、「カレンシーの交換を意識するようになってから、幹部との関係がよくなり、仕事も格段に円滑に進むようになっている」と興奮気味に語ってくれました。カレンシーの交換を意識すると、あなたのリーダーとしての影響力は格段に高まります。私たちのねらいはその点にあります。みなさんが影響力を高め、メンバーと利害関係者のもっている力を引き出せれば、プロジェクトは確実に目標達成により近づくのです。

## 思わぬ落とし穴、〝負のカレンシー〟

しかし、いつもこのようにうまくいくとは限りません。むしろ、うまくいかないことが多いでしょう。プロジェクトに人が関係してくると、思わぬ落とし穴があるからです。それは、自分でも気づかないうちに〝負のカレンシー〟を使ってしまうことです。負のカレンシーとは、相手にとって負の価値があること、たとえば、嫌な気持ちにさせられるなどです。嫌なものを受け取れば、嫌なものを返したくなるのは、レシプロシティの原則からして自然なことです。

ついひとこと嫌みを言ってしまうために、好かれない人がいます。他人の悪口を言うために、「自分も言われるんじゃないか」と警戒される人がいます。負のカレンシーは、お互いに嫌な思いをするので、プロジェクトを前進させるためのカレンシーの交換が発展していきません。最悪の場合は、喧嘩や争いになってしまいます。

ベテランのＰＭは、落とし穴を巧みに避けています。そして影響力を発揮して、メンバーのやる気を高めることに成功しています。私たちが、その落とし穴を意識して避けられれば、プロジェクトはよりスムーズに運営されるはずです。

ここでは、ＰＭが陥りがちな、カレンシーの交換における落とし穴をチェックしていきましょう。

## 1　見下した態度

### 気づかないうちに……

　会社の中では、上司と部下の関係のように、強い立場の人と弱い立場の人が厳然と見られます。会社によっては、様々な強者と弱者の関係があります。たとえば、年長者と若者、男性と女性、日本人と外国人、クライエントと納入業者など、一方が強くて一方が弱い関係が、よい悪いは別として存在しています。そのような関係にあって、強い立場にいると、弱い相手をどこか低く見ていることがあります。

　自分が低い立場にいると思っている人は、ことさらにこの関係を気にします。とても敏感に相手の心の動きを感じ取ります。そして、こちらはそのようなつもりでなくても、相手から見ると「見下されている」と感じる場合もあるのです。すると、彼らは弱者の立場なりの反応、たとえば、無責任な態度をとる、主体性を発揮しない、感情的になるといった反応で、リーダーがいやがる負のカレンシーを返してきます。これでは、チームの力を十分に活かすのは難しくなってしまいます。

## どう考えるか

まずは、仮にもPMという役割についていれば、メンバーから見るとそれだけで負のカレンシーを受け取っているかもしれない、と肝に銘じるべきです。「なんであいつの下で働かなければならないんだ！」と怒っているメンバーもいるでしょう。または、リーダーに過大な期待をかけ、リーダーの対応が遅いと、それだけで不満を感じているかもしれないのです。オフィス家具で有名なハーマン・ミラー社の元会長マックス・デプリー氏は、「マネジャーは、部下に借りがあると考えないと、部下を動かせない」と述べています（『響き合うリーダーシップ』海と月社　二〇〇九）。PMであれば、メンバーに「プロジェクトに参画してもらってありがとう」と考えなければ動かせないということです。また、リーダーから先にカレンシーを差し出さなければならない、ということでもあります。一方、自分だけは他者を差別したりしていない、とは思わない方がいいでしょう。相手がどう受け取るかは別の問題だからです。

## どう対応するか

こちらが下手に出る必要はないと思います。しかし、相手を尊重し、少なくとも対等に扱うように心がけましょう。具体的には、

1　相手の専門能力のおかげで、プロジェクトを成功に導ける、と考える
2　努力と貢献に感謝する
3　話をよく聴く。意見の背後にある、考え方に耳を傾ける
4　落ち着いて話を聞く
5　相手の目を見て会話する
6　立場の力で押し切らない

ビジネス・バリュー・クリエーションズの山本康博さんは、飲料メーカーのブランドマネジャーとして、「充実野菜」「Roots」などいくつもの製品をヒットさせてきました。山本さんによると、「メーカーのブランドマネジャーは、営業担当者を下に見ている。それでは営業のモチベーションは上がらない。」そこで、営業担当者にこちらから歩み寄り、新製品のアイデアに意見を求めたのです。営業を味方にできたのは、成功のひとつのカギだった、と述べていました。

相手を尊重すれば、あなたの味方が増えることは間違いありません。

## 2　取り返そうとする

### 売れない店員と不愉快な部下

カレンシーの交換が下手な人は、「こちらからカレンシーを渡したのだから、今度はあなたが返す番だ」とばかりの態度をとっていることが多いようです。先日ショッピングのとき、頼みもしないのに詳しい説明をしてくれる店員に会いました。私は黙って聞いていましたが、長い説明が鬱陶しくなってきました。そして「買うのは来年ですよ」と言ったとたんに、店員は声のトーンが下がって、つまらなそうな態度に変わりました。今日買うのが当然と思っていたのに、私に裏切られた、と感じているかのようでした。

上司にゴマをする部下を想像してみましょう。部下は上司の機嫌取りをします。なにかと気を遣ってくれます。しかし、上司は部下が気を遣ってくれて楽な反面、何か意図があるんじゃないかと疑いはじめます。すると、かえって部下の気遣いを不愉快に感じてきます。上司としては、部下にコントロールされたくはありませんから、「いや、もうそんなに気を遣わなくていいよ」といった具合にして、そのような部下を遠ざけます。

うまくいっていない利害関係者と、このような関係になっていませんか？

## 見返りは求めない、またははっきり求める

あなたがカレンシーを差し出す意図がわからないと、相手は混乱します。ですからはっきりと伝える必要があります。たとえば、プロジェクトの成功のために、よい関係を築いておきたいのだ、と率直に伝えてみてはどうでしょうか。「私はこのプロジェクトを成功させたいのです。そのためにも、あなたと信頼関係を築きたいのです」と言われて、嫌な気持ちがする人はいないと思います。

また、今必要としているカレンシーがあるのなら、それをはっきり口に出して言う方が効果的です。何を求めるのかを率直に伝え、そのためなら何でもします、と伝えるのです。最後は、「この通り、お願いします！」で頭を下げるのもよいでしょう。「恩に着ます、後で返します」と感じてもらえたらよいのです。何かを依頼する、あるいは協力を求めるときに、こちらが低姿勢であるのは自然です。でも、相手に気持ちよく協力してもらえれば、それでよいではありませんか。こちらは十分なカレンシーを用意するので、卑屈になる必要はありません。

## 3　想定外の債務

### 誰も協力してくれないなんて……

自分では気づかないうちに、相手に負のカレンシーを渡していることがあります。さきほどの、「見下した態度」もその一例です。他にもいくつかのパターンがあるようです。私は、それらすべてをまとめて、「想定外の債務」と呼ぶことにしました。いざ利害関係者やメンバーたちの協力を仰ごうと思ったのに、誰も協力してくれないのは、しばしば想定外の負のカレンシーが原因になっているからです。

あるメーカーの基幹製品の開発チームのリーダーＦ氏は、彼自身が直面した厳しい体験について話してくれました。ある会議の席で数名のチームメンバーが突然立ち上がり、Ｆ氏を責めはじめたのだそうです。「あなたがマネジメントしないから、チームの成果が上がらない」と。Ｆ氏は突然のメンバーの反乱に混乱しました。たしかに彼らとうまくいっている気がしなかったものの、こんな反応になるとは！　そこから数十分にわたって延々と攻撃されることになったのです。メンバーたちは、チームの方針をはっきり出さないのが悪い、と言っているようです。でも、会社の方針が近く変わりそうなので、Ｆ氏はその様子をながめながら方針を決めようとしていたのです。そうして半年が過ぎていました。メンバーから見れば、いっこうに方針を決めないリーダーは、メンバーに渡すべきカレンシーを渡そうとしない、言い換えると責任を放棄していると見られたのです。この日までＦ氏は、メンバーがこれほどまでに不満を抱えているとは思ってもいなかったのでした。それからしばらくして、Ｆ氏はリーダーを解任されてしまいました。

## 期待されていることはやる

立場を考えれば当然やるべきことを、先延ばしにして決めない、実行しない、というだけで、負のカレンシーを相手が受け取っていることがあります。負のカレンシーがあふれると、このケースのように負のカレンシーが返ってくるのです。このような状況では、プロジェクトメンバーはあなたに協力しようとはしないでしょう。

相手の立場に立って、当然やると考えられていることを実行しましょう。何らかの理由で実行に移せない場合は、その理由をちゃんと相手に伝えるべきです。

## 不条理な関係

あなたに関わりのない、過去の経緯が原因で、相手が動かないこともあります。過去の、自分とは関わりのない経緯で、仕事が行き詰まってしまうのには、不条理を感じます。しかし、組織ではそのようなこともあり得ます。

ある会社に伺ったときに、昼休み多くの従業員が構内にあふれ出てきました。でも、ある一帯に人影が少ないので、あれは何ですか？　と尋ねたところ、「ああ、あそこが開発と生産の境界線なんですよ。弊社では伝統的に開発と生産が不仲なんです」と教えてもらったことがあります。複数の技術者が、そのために仕事が進まず困ってきたと話してくれました。部長同士の仲が悪い、偏見、主導権争いなども原因になります。

G社の業務システムの刷新は、社長の一声で決まりました。転職してから間もなく新システム導入プロジェクトのリーダーになったH氏は、現場の激しい抵抗を感じています。前のシステムは2年前に入れ替えたばかり、多くの従業員にとってようやく使い慣れてきた矢先のできごとでした。この会社では、これまでにも繰り返しシステムが刷新されて、そのたびに現場は混乱したという経緯がありましたが、H氏はそのようなことを知るよしもありません。それにもかかわらず、不満の矛先はH氏に向けられたのでした。

いずれも当事者には直接責任がないのに、うまくいっていない関係の事例です。「私のせいではない！」と言いたいところでしょう。でも、あなたが対応しなければなりません。

### 耳を傾け、理解する

　このような場合、どうして不満を感じるのか、何が問題と思っているのかに耳を傾けるのが効果的です。不満をぶつけられても、黙って傾聴しましょう。自分の言い分をきちんと聴き、理解してくれるのは、大きなカレンシーです。今まで話も聞いてくなかったけれども、今回は違うぞ、というだけで、カレンシーと感じる場合もあります。

　そのうえで、必要があれば過去の経緯をどこかで清算する必要もあるでしょう。わびる、埋め合わせするなどで、プロジェクトが前に進むなら、安いものです。そのうえ、協力して仕事できる味方が増えるなら、双方にとって利益があります。そうして関係を修復しながら、こちらのカレンシーも受け取ってくれ、とお願いしていきます。

## ４　その他留意点

### バランスを考える

　相手からカレンシーを受け取れると、もっとほしくなってしまいがちです。もらいすぎると、今度は多くのカレンシーを返さなければならなくなります。そして返さないと、相手は負のカレンシーを受け取ったと感じてしまいます。

## 求めすぎないように注意

ＰＭである私たちの目的は、プロジェクトをよい結果に導くことです。そのために、たとえばメンバーには力を発揮してもらいたいわけです。その目的が果たされれば、それ以外を要求するのは避けるべきでしょう。ところが、相手の習慣や性格が気に入らないと正したくなり、メンバーに説教する人もいます。中には心打つ説教もあるでしょうが、多くのメンバーは耳をふさいでしまいます。

これもカレンシーの交換で考えたら、こちらが渡したカレンシーが格段に多く、相手もそう感じているなら、相手はあなたの説教を聞くかもしれません。しかし、（カレンシーの交換では）対等だ、と思っていれば、「こんなにいい仕事をしたのに、あなたに説教される筋合いではない」と思われるのが普通です。そして、今度は逆に負のカレンシーを受け取ったと感じてしまうのです。

いつも何かが不足だという顔をしていると、相手からは物欲しそうと思われ、遠ざけられてしまいます。遠ざけられれば、交換のチャンスがなくなるというものです。カレンシーの深追いは禁物です。

逆に、心からの感謝を伝え、いつもニコニコしていれば相手はあなたと会いやすくなります。周囲の関係者からカレンシーをもらっていることを、いつも認識していましょう。

# 第8章　終結

## 1　強く願うこと

### 人を動かす、強く願う

京セラ名誉会長、稲盛和夫氏の著書に、かつて稲盛氏が松下幸之助氏の講演を聞きに行ったくだりがあります。聴衆の誰かが、松下氏の提唱する経営はどうやったらできるのか、と尋ねたそうです。それに対して松下氏は、しばらくじっと考えてから「それは強く願うしかない」と答えました。その言葉を聞いたとき、稲盛氏は身震いがするような感動を覚えたのだそうです。松下氏自身の著書にも、強く願うことが取り組むべき筆頭にあげられています。

私は、ＰＭが人を動かし、プロジェクトを成功に導くには、人を動かすＰＭになる、と強く願うことから始めなければならないと思います。メンバーと利害関係者が、プロジェクトのために力を尽くしてくれるよう促せるのは、あなたしかいないのです。そうすることで、あなたは一人で仕事する以上の、大きい力を得ることができます。

## 腹が立っても、交換する

そのためにも、プロジェクトの各局面で、誰とカレンシーを交換するか、計画していく必要があります。相手の立場に立つのは、必ずしも簡単ではありません。特にこちらがカレンシーを投じてきたのに、何の見返りもよこさない上司や部下には腹が立ちます。そんな連中のために、こちらが歩み寄る必要はない、と言いたいところです。私の話をいいと言ってくれた人たちの中にも、こちらから歩み寄れずに脱落していった人が何人もいます。しかし、ここで踏みとどまった人もいます。彼らは、相手のために歩み寄ると考えず、プロジェクト本来の目的だけを考えた、と言っています。

あるＰＭは、カレンシーの交換をパズルのように考えている、それぞれの利害関係者が置かれている状況が見えると、はめ込むべきピースもわかる、と話してくれました。強く願えば、自分に合ったやり方が見つかり、道は開けるのだと思います。

## ２　自分自身に渡すカレンシー

### 電池切れの前に充電

プロジェクトのために自分からカレンシーを差し出すばかりだと、消耗してしまい、どこか心のバランスが崩れる可能性があります。ある女性のＰＭは、プロジェクトが始まると、買い物をしたくなる、高価な宝飾品を次々に買った、と笑っていました。なかなか返ってこないカレンシーを、自分で穴埋めしていたのかもしれません。

穴埋めしたい気持ちは、人間としてよくわかります。ただ、生活の崩壊につながるかもしれない方法は、避けたいものです。旅行、音楽などの娯楽、スポーツで体を動かす、自然に親しむなど、みなさんそれぞれにリフレッシュする方法があるでしょう。これらはいわば、自分自身へのカレンシーです。自分自身と対話しながら、カレンシーを渡していけば、依存症を避けることはできます。

また、ある人は、自分が気に入るカレンシーが返ってくるものだと期待しない、と言っています。期待していると気になるので疲れてしまう、それより初めからないと思うと、エネルギーを保ちやすいそうです。こういう方法もあります。

ＰＭがカレンシーの交換を続けるためには、本を読む、研修に参加する、ネットワークに参加する、など、あなた自身がプロジェクトで使えるカレンシーを蓄えておくのも大切です。ＰＭＩ（プロジェクトマネジメント協会）などの団体でＰＭのネットワークや、学会などに参加するのはいかがでしょうか。あるメーカーのＰＭは、長年交流のある芸術家と、年一回の温泉旅行で技術論、芸術論を楽しんでおり、この時間が最高の充電の機会になると言っていました。

### あなた自身がカレンシー

私たちを中心に見れば、プロジェクトは仕事となるでしょう。でもプロジェクトから見ると、私たちはカレンシーの交換を促進する触媒のようなものです。ＰＭがいるから、効率よく知識や技能、アイデア、気遣いなどが交換され、計画が遂行されます。それだけに、ご自身のメンテナンスを怠らないようにしていただきたいと思います。

## 3　相手を信頼すること

### ある社長が差し出したカレンシー

私が最も感銘を受けたカレンシーの交換は、ある輸送用機器メーカーの社長と海外の代理店の代表者の話です。その国の支店長だった方から伺いました。その会社は景気の影響を受けやすく、その当時経営状態は非常に逼迫していました。こうなると、海外でまとまった数の製品を買い取ってもらうしかありません。あるとき本社からフラっと社長がやってきて、主要な代理店数社の代表者を呼び、翌日代わる代わる二時間ずつ面談の機会を設けてくれと言いました。

翌日、一人目の代理店の代表者が部屋に入って来るなり、この社長は、「うちの会社大変なんだ、助けてくれないか」と切り出したのです。代理店の代表者は少し驚いた様子でしたが、すぐに満面の笑みを浮かべ尋ねます。「わかった、俺に任せてください。いくら買ったらいいんです?」「1億ドルでどうだろう?」「1億ドル?　そんなけちなことは言わない。2億ドル分引き取りましょう」「そうか、それは助かる。ではさっそく発注をかけてくれ」。こうして一日で数億ドルの注文を得ることができました。その後、期末までにすべて納品することができ、会社は苦境を脱することができたのだそうです。

代理店側は、日本のすばらしい輸送用機器メーカーが、自分たちに救いを求めに来ていることが誇らしく、嬉しくてなりません。その後も「俺が日本のあの会社を助けたんだ」と自慢していたそうです。彼の事業の中で輝かしい実績になったことでしょう。

私が感銘を受けたのは、社長が自分の弱みをさらけ出し、あなたを信頼している、助けてください、と身を投げ出したことです。プライドもなにもありません。すごいカレンシーです。弱みを示されることは、「あなたを信頼しています」というメッセージであり、最大のカレンシーになり得ます。実際、代理店の代表者には、彼らのビジネス人生最大級のカレンシーとなりました。

## 大きなカレンシーの交換へ

私がお会いしてきたすばらしいPMは、この社長のように、多かれ少なかれプライドを賭けた交換をして、プロジェクトを成功に導いています。みなさんがチームのメンバー、利害関係者を信頼するほど、大きなカレンシーを交換できるようになるのです。相手を信頼することこそ、相手を味方につける第一歩です。

とはいえ、信頼できない相手に、身を投げ出してはいけません。相手を信頼するためには、日頃から彼らとのカレンシーの交換を怠らず、もらったら返すことを繰り返しながら、信頼関係を築いていくのです。プロジェクトを動かせるかどうかは、関係者が動くことを確信して、思い切った行動をとれるかどうか、言い換えると大きなカレンシーの交換ができるかどうかにかかっていると言えます。

本書が、みなさんのプロジェクトを動かす、ヒントになればと願っています。あなた自身がプロジェクトに自在に取り組み、楽しめることも心から願っています。

# 各関係者に渡せるカレンシー

| | 開始・Plan計画・Do遂行・See統制・終結 | | | | |
|---|---|---|---|---|---|
| スポンサー（幹部） | ・目標達成を約束する<br>・スポンサーの目標達成を請け合う | ・スポンサーのよい評判を伝える<br>・最善のためにリスクを冒す | ・感謝を伝える<br>・情報提供を怠らない | ・カウンセラーになる<br>・手が回らない仕事を部分的に引き受ける | ・スポンサーが好むように振る舞う |
| 顧客 | ・顧客の目標達成に役立つと伝える<br>・顧客の目標達成意欲を支持する | ・機敏に働く<br>・気がかりに応える<br>・社内への売り込みを手伝う | ・報告を怠らない<br>・励ます | | |
| 関係部門のマネジャー | ・ビジョンを共有する<br>・相手部門の仕事ぶりを評価する | ・部門の目標達成を助ける<br>・部下の育成を手助けする | ・相手の懐に飛び込む<br>・メンバーの仕事ぶりを知らせる | | |
| ビジネスパートナー | ・ビジョンの共有<br>・協力会社にとっての長期的利益を示す | ・敬意を，態度と行動の両方ではっきり示す<br>・感謝を伝える | ・ネットワークに招き入れる<br>・ほめる<br>・こちらから出向く | | |
| チームメンバー | ・ビジョンでわくわくさせる<br>・スポンサーのお墨付きをもらい，示す | ・メンバーの上司に働きかける<br>・能力開発の機会を提供する | ・励まし，勇気づける<br>・新しいネットワークに招き入れる | ・エンパワメント<br>・情報<br>・リソース（予算，時間，人手等）<br>・あえて借りをつくる | ・コーチング<br>・フィードバック<br>・挑戦的な目標 |

# 相手の立場に立ってみると

| | 開始・Plan計画・Do遂行・See統制・終結 | | | |
|---|---|---|---|---|
| スポンサー（幹部） | ・評価の基準<br>・上司の期待を満たしたい | ・今年の目標を達成しなければならない<br>・長期目標を達成したい | ・リーダーシップを発揮したい<br>・幹部として尊敬されたい | |
| 顧客 | ・社内の目標を達成したい | ・よい評価を得たい<br>・社内の期待に応えたい | ・長い目で見てよい仕事をしたい<br>・面倒や手間を避けたい | |
| 関係部門のマネジャー | ・自部門の目標達成が第一 | ・部下を困らせたくない | ・不利な約束を交わしたくない<br>・なぜ私ではないんだ | |
| ビジネスパートナー | ・有利な契約にしたい | ・自社メンバーを擁護したい | ・下に見られたくない<br>・対等に扱ってほしい | |
| チームメンバー | ・自分の仕事が最優先<br>・上司の期待に応えたい | ・慣れた仕事の考え方になりがち<br>・キャリアの指向に沿いたい | ・同僚の期待に応えたい<br>・関係者の期待が気になる | ・風土的側面 |

# あとがき

本書を書き終えて、あらためて気付いたのは、できるＰＭはカレンシーの交換でチームを動かしており、チームメンバーと交換するカレンシーを、スポンサーや顧客から、これもカレンシーの交換によって獲得しているということです。

組織の中で「課長」「部長」「執行役員」と昇進すれば、それにともなって資源と権限が与えられます。予算を持ち、部下に命令し、業績評価し、報酬を決められます。でも、多くのＰＭはそんな権限を与えられることなく、数ヶ月という短期のプロジェクトを任されています。どうやってチームを動かせるというのでしょうか！私はいつもみなさんよくやっているなあと感心し、燃え尽きてしまわないかと心配してしまうのです。

それでもチームを動かしていい仕事をしているＰＭさんたちは、あの手この手で予算、人材などの資源を集めてきて、メンバーと交換しています。それだけではなく、気遣いや励ましや様々な配慮を、カレンシーとして惜しげもなく使っていました。この人間関係術を、「カレンシーの交換」と考えると、誰でもプロジェクトを動かせるようになるはずです。事実、『影響力の法則』をお読みになった読者の方から、仕事が楽になった、メンバーがやる気になった、上司が協力的になったとの感想をいただいています。ですから、あなたのお役にも立てると信じています。以下のウェブサイトでは『影響力の法則』に関連する情報を提供しています。ご参照ください。

http://www.influence.co.jp/影響力の法則/

とはいっても、年長のメンバーを動かすことも書けばよかったな、顧客を動かすことももっと書いた方がよかったかな、と反省もしています。使えるカレンシーのバリエーションも、実際にはもっとあります。今後の課題として取り組みますので、みなさんのご意見をお寄せいただければ幸いです。

本書は、多くのみなさんのご協力があって書かれたものです。多くのプロジェクトマネジャーのみなさんから、ご教示をいただいてきました。特に、浦田ゆかり、勝連城司、西村修司、片野寿昭、石井均、山本康博、加藤大吾、小島豪洋、灰原康宏、成松秀夫各氏のアドバイスには救われました。ここにお礼を申し上げます。またこれまで教えを請うた先生方、多くのヒントをいただいた数千人の研修参加者のみなさんにも、感謝いたします。編集の労を執ってくれた新堀博子さん、大坪克行さん、みなさんのおかげです。ありがとうございました。

最後に、本書執筆にあたって原稿をまとめ校正してくれた髙嶋薫にも。ありがとう。

## 著者紹介

**高嶋　成豪**（たかしま　なるひで）

人材開発／組織開発コンサルタント。インフルエンス・テクノロジーLLC代表。GM、ジョンソン・エンド・ジョンソンで人材開発に従事。ウィルソン・ラーニング　ワールドワイド社によるリーダーシップ開発プログラム「LFG成長のリーダーシップ（Leading for Growth）」のマスター・トレーナー。翻訳に『影響力の法則　現代組織を生き抜くバイブル』『影響力の法則　プロジェクトを動かす技法』『Power Up　責任共有のリーダーシップ』（いずれもデビット・L・ブラッドフォード＆アラン・R・コーエン著、2007-2010年、税務経理協会）他。International Leadership Association、日本心理学会会員。筑波大大学院教育研究科修了。修士（カウンセリング）。

著者との契約により検印省略

平成24年4月15日　初版第1刷発行

**プロジェクトを加速する人間関係術**
**心が軽くなる『影響力の法則』**

著　者　高　嶋　成　豪
発行者　大　坪　嘉　春
印刷所　税経印刷株式会社
製本所　株式会社　三森製本所

発行所　〒161-0033 東京都新宿区下落合2丁目5番13号
株式会社　**税務経理協会**

振　替 00190-2-187408
FAX (03)3565-3391
電話 (03)3953-3301（編集部）
(03)3953-3325（営業部）
URL　http://www.zeikei.co.jp/

乱丁・落丁の場合は，お取替えいたします。



ISBN978-4-419-05822-7　C3034